柳田国男・伝承の「発見」

田中宣一【著】
Senichi Tanaka

岩田書院

はしがき

本書は、伝承の秘める豊かさを感得して自らの学問を開拓していった、明治末期から昭和のごく初期までの柳田国男について、伝承の発見、昔話の発見、そして近世に伝承文化を活写した菅江真澄の柳田としての発見を中心に、考えようとするものである。あわせて、柳田が伝承資料の多く含まれる書物として収集し編纂して活用した「諸国叢書」についても、述べる。

日本近代の人文科学・社会科学への、柳田国男の貢献はまことに大きい。幅広い多くの研究成果はもちろんそうであるが、それら個々の成果とともにあるいは個々の成果を超えて、ごく普通の人びとがごく普通に営んできた伝承生活の豊穣さに着眼し、そこに日本文化研究上の問題を見出し、また伝承を研究の材料として活用する道を拓いたことが、何よりも大きな学問への寄与であった、というのが著者の柳田評価である。

伝承の豊かさに目を向ける人は以前にいたとしても、柳田ほど伝承に観入し、日本文化研究の上でのその重要さを説き、活用し、啓発しつづけた人は、それまでにいなかった。これを伝承の「発見」と言わなくて何と言ったらよいであろう。

伝承の発見は同時に、研究上それまで等閑視されてきた伝承を担ってきた人びと、現に伝承を担っている人びと、あるいはあらゆる人の伝承にかかわる側面にも、研究の光をあてることになったのである。

伝承の重要さを認識し、その上でそのときどきの社会・文化を独自の視点から論じつづけた柳田は、また思想家でもあった。しかし、本書では思想家としての柳田は措いておいて、民俗学の開拓期ともいうべき昭和のごく初期までの柳田につき、次の六章に分けて論じていきたい。

第一章では、明治四十一年夏の九州旅行、とくに七月中旬の一週間にわたる宮崎県椎葉村滞在が柳田に与えた影響の大きさを述べ、以後二十年ほどにわたって伝承概念を磨いていったことを述べる。同時に、『後狩詞記』『遠野物語』についての著者の評価も述べる。

第二章では、これまでほとんど注目されることのなかった、明治期の山形県の郷土史家羽柴雄輔を紹介し、柳田が真に菅江真澄に関心を抱くようになるのには、羽柴との交流によるところが大きかったのではないかということを述べる。

第三章では、大正九年暮れから同十年初頭の、いわゆる海南小記の旅で感得したことが柳田に「炭焼小五郎が事」を書かせ、その執筆の過程で昔話の研究の必要性を見いだしていったのだ、ということを述べる。

第四章では、「桂女由来記」執筆にあたっての文献資料収集過程を追い、同論考の資料の使用実態を明らかにする。この場合には伝承に依拠することなく、もっぱら文献を用いた柳田の論考作成の一例をみるのである。

第五章では、『義経記』にかかわるかという奥州の語りを記した『鬼三太残齢記』を紹介し、大正末の柳田は、一見無稽に思われるものであっても、かつて地域でもてはやされていたという語りにも関心を抱いていたということを述べる。

第六章では、伝承の豊かさを認識するようになった柳田が、明治末大正初期以降、伝承文化の記されているどのような書物を集め利用していたかの一端を、柳田の企画編纂になる「諸国叢書」の全体像を紹介することによって、明らかにする。

以上であるが、これに附として、生活圏である成城の町とのかかわりを描こうとしたエッセー一点を加える。

このようにいろいろ述べていくことになるが、いたらない点は多いであろうし、著者の思い違いもまた少なくないかと思われる。

読者諸賢の、忌憚のないご批正をお願いするものである。

平成二十九年六月一日

田中　宣一

柳田国男・伝承の「発見」目次

柳田国男の著作については、平成九年以降、筑摩書房より刊行されている『柳田国男全集』所収のものを用い、『柳田国男全集』○○(○○には巻数が入る)とのみ記す。

第一章　伝承の「発見」

はじめに

日本の人文科学・社会科学への柳田国男の貢献は実に大きい。祭りや民間信仰、年中行事や人生儀礼（通過儀礼）、社会組織や地域の互助協同の問題、伝説や昔話などの研究成果は当然そうであるが、斬新であったそれらにおける個々の学説を超えて、伝承というものを、学問の材料としてまた研究の対象として「発見」したことが何よりも大きな貢献であった、というのが著者の第一の柳田国男評価である。そして伝承の発見ということは、伝承を担っている（あるいは担ってきた）人びとの発見、そしてあらゆる人の伝承を担っている側面の発見でもあったのである。

それでは、伝承とはどういうものか。伝誦や伝唱と発音が同じである上に熟語としての字面もそれなりに似ているからか、一般にはしばしば物事を口頭で伝えること伝えられること、とくに物語や歌謡を口頭で伝えていく意味に用いられる。それはそれでよいのだが、柳田が発見した伝承、到達した伝承という概念、そしてそれを研究上の術語として磨いてきた日本民俗学では、伝承にもっと広い意味を持たせているのである。(1)

著者は伝承を、次のように理解している。

多くの人に、繰り返し口頭で伝えられていく事柄（話や歌、規範や倫理観など）、口頭あるいは身体行動として伝えられていく所作・技術や互助協力のあり方、以心伝心で継承されていく諸観念そして、伝えられている内容のみならず、伝えられ継承されるという行為をも含意しているのである。

このような伝承は、日常・非日常の時と場を問わずひろく認められ、集団的・類型的・持続的であるのが特徴である。類型的・持続的だとはいっても、長い年月には四囲の状況に応じて意識的に改変させられたり、無意識のうちに変化していったり、消滅していくもののあることはもちろんである。伝承を担う集団には当然大小があり盛衰がある。またそれらを研究の材料にするためには、そのままでは活用が難しく、文字や映像、絵画・図像などに定着させる必要もあるのである。

伝承というものは、極端にいえばそれこそ人間社会成立時から存在していたはずである。しかしあまりに日常茶飯の営みであるがゆえに、有史以降も長いあいだ、人びとの伝承への認識は総じて薄かったといわざるをえない。まして、研究対象として体系的に捉えようとする機運は生まれなかったのである。

日本においては、『古事記』が伝承を主材料にしているのはもちろん、古代の諸「風土記」の編纂、公家などのいくつかの日記・紀行文、本居宣長など近世の国学者の考えや、菅江真澄をはじめとする一部旅行者の見聞記録、貝原益軒など有識者の作品などに、伝承を重視するいくらかの前史は指摘できる。有職故実書や法令書にも、かつて慣習法的に伝承されていた事柄が多々含まれていることであろう。さらに、江戸幕府の祐筆屋代弘賢の「諸国風俗問状」の試みや、鈴木牧之の『北越雪譜』などは、伝承への関心が醸成されていたからこそまとめられたものである。ただかつては一部を除いて、伝承を自らの営みであるとする考えにまではなかなかいたらず、単に他所の珍しい事柄、甚だしくは奇習と捉える段階にとどまっているものも少なくなかったのである。

明治中後期の『東京人類学会雑誌』においては伝承への関心が強くなりはじめ、積極的に記録し考えようとの意識が出てきている。しかし取り上げたそれらを、自らの内なるものだとみる認識はいまだ充分ではなかったように思われる。

わが国の文化研究において伝承というものを積極的に掬いとり、それらに対峙するようになったのは、明治時代後期だとみてよいのではないであろうか。そして、伝承の包蔵する文化的豊穣さを充分に認識し、自他の別なく地域の諸伝承を自らの営みとして多くの人が意識的積極的に文字に定着させ、研究の対象とも資料ともしはじめたのは、大正時代の中後期である。著者はこの段階においてようやく伝承は、名実共に「発見」されたのだと考えている。さらにそれの体系的把握が試みられるようになるのは、大正時代後期から昭和に入ってからであるが、この過程において伝承概念の確立と体系的把握を牽引したのが、柳田国男であった。

伝承の「発見」は近代において民俗学というひとつの学問を誕生させたが、それのみならず、日本文学や宗教学、地理学、日本史学、社会学、教育学など既成の諸学問を大いに刺激した。民族学（文化人類学・社会人類学）や生活文化学の発展もこれと無縁であるはずはない。さらには、口承文芸学、方言学、民俗芸能学、民具学、民俗建築学など、数々の有用な学問の開拓草創を促し、伝承の発見によって、日本文化の研究は格段に幅と厚みを持つことになったのである。

以下、柳田国男による伝承「発見」の経緯をたどってみたい(2)。

一　伝承への関心の芽生え

1　幼少時の体験

柳田国男が伝承という語を用いはじめたのは大正初期であり（このことについては「四」で述べる）、今日のような概念によってその体系化を試みたのは昭和初期である。しかし、伝承というものの重要さを明確に認識したのはそれより早く、明治四十一年夏の九州宮崎県の椎葉村訪問のときではなかったかと思う。ただ、重要さを認識するためにはその下地、すなわち淡いながらも伝承への関心といおうか、伝承されている事柄への問題意識が、どこかに潜んでいなければならなかったはずである。

自伝といえる『故郷七十年』(3)には、柳田が幼少年時に体験したさまざまな伝承生活が語られている。

兵庫県の辻川（現・神崎郡福崎町）という播州平野の街道筋で生をうけた柳田（出生時の姓は松岡）(4)は、同書においても他の著作の中においても辻川での生活を思い出深く語っているが、幼少年時のこういう思い出は、内容こそ異なれ誰でも持っているものである。しかし柳田は、他の人にはあまりない特異な体験をしている。満十二歳になったばかりの明治二十年に、両親のもとから遥か遠くの、茨城県北相馬郡布川町（現・利根町）で開業医をはじめたばかりの長兄宅に引きとられていったのである。ここは利根川べりの農村で、二年半ほど生活することになる。ほぼ六年後に長兄は、対岸の千葉県南相馬郡布佐町（現・我孫子市）に移ることになった。そのときの柳田はもう東京で中学生生活を送っていたが、その後の青年期の柳田は、休暇に帰省するような感じで、布佐での生活も経験することになったのである。

利根川べりの布川は、播州の辻川とは言葉も慣習も風景も相当異なるところだった。現代にあっても双方の地域の伝承生活は、言葉をはじめだいぶ相違していると思われるが、今から百三十年ほど以前であってみれば、国男少年にとって最初は異郷にやって来たように感じられたかもしれない。とくに世間との接触の稀な子供社会においては、いっそうその思いが強かったことであろう。しかし面喰らっていたばかりではなかった。柳田自身もいくらか述べているが、感受性に富んだ少年時代に、辻川から利根川に往来する川船の白帆がのぞめる布川へと移ったということは、地域の伝承生活の相違を身をもって知る大きな機会になったはずであり、小さいながらもそこに、両地域の伝承文化比較のさまざまな意識が芽生えたことは想像に難くないのである。

一例を挙げれば、布川近辺では近世から飢饉が多く、それが、近くの徳満寺地蔵堂に子返しの絵馬（いわゆる間引きの絵馬）を奉納せざるをえなかった理由だと知ったときの衝撃は、大きかった。同時にこのことは、幼少時に体験した辻川の飢饉をも想起させたようで、『故郷七十年』ではこのような生々しい体験が、のちに民俗学研究をはじめる一つのきっかけになったのだと語られている。そして学生時代に、飢饉への対策として各地に設けられていた三倉（義倉・社倉・常平倉）の研究をする契機になったのであろうし、ひいては農商務省への勤務、産業組合の研究へとつづいていくことになったのである。

ただ、『故郷七十年』に述べられていることはあくまでも後々の回想談であって、まだ十余歳の少年が、飢饉について一気にそこまで強烈な問題意識を抱いたわけではないであろう。その後東京へ出て都会生活を送るなかにあっても、辻川や布川で体験した伝承生活への関心を持続させ、地域の伝承文化の相違を常に強く意識しつづけていたと考えるのは早計であろう。

このように、生家を離れ利根川べりで過ごした数年間の生活は、生家の苦境という不幸な理由からではあったが、柳田自身に豊かで大きな財産をもたらすことになった。関西の辻川と対比しつつ体験した関東の利根川べりでの生活は、心に深く刻みつけられたのである。

2 『猟人日記』の感想

長じて柳田は東京において高等学校・大学生活を送るが、勉学のかたわら文学に大きな関心を抱いた。父・操、次兄・通泰をはじめとする家風のしからしむるところで、青年期には、多くの和歌や新体詩、随想等を発表したのである。

そのなかで、これまでの柳田国男研究でほとんど問題にされてこなかったが、著者の注目する一編がある。明治三十四年に発表した「すずみ台（一）」[5]という随想の中の、ツルゲーネフの『猟人日記』（柳田は「遊猟者の手記」としている）を読んだ感想である。少し長くなるが、当時の柳田の関心が奈辺にあったかを知るために、全文をそのまま引用しよう（但し、振り仮名は省略）。

◎「ツルゲニエフ」を読む、「遊猟者の手記」を終りたる後、尤感じたる事二あり、一は露国南方の平原所謂「ステップ」の朝の風夕の雲、此人の筆によりて、名残りなく画き出されたる事なり、他の一も亦我国人の想像し能はざる境にして、且つ一国の法制が芸術の発展に制限を与ふるや否やの問題を決せしむべきもの也、そは他ならず、彼国に於ける夏期遊猟の趣味なり、清水ある樹蔭に馬車を繋ぎ、或は若葦そよぐ入江に小舟漕き入れて、雛鳥の羽ばたきを尋め行き、時としては銃の煙を立てゝ、遠き白雲と紛れしむる楽しみは、かの毳毿頭巾に耳を蔵して、枯木蕭条たる林中を彷徨する者の、夢にも想ひ到らぬ若々しき趣なるべし、仏国の近古史などを繙きて貴族の狩猟権なるものゝ、下民を虐ぐること極めて甚しかりしを見て、一身の歓楽の為に斯く迄の犠牲を求めて、顧みざるは浅ましと思ひしが、此の面白味ありてこそ、それも無理なりぬ（ママ）富者の欲なるべし、
◎「遊猟者の手記」二十数篇の中、「ルゴフ」の精彩尤人を酔はしむるに足るものあることは君も許すなるべし、されど僕か殊に身にしみて面白しと思ひしは、「荒野の一夜」の篇なり、夜山路に迷ひ僅に断崖の頂に出でたるに、野原遠く広がり音なき大河の夢の如く流るゝあり、無限の闇の中に火の光唯一つ幽なるは、馬を夏草に牧すとて里の子の淋しき夜を守れるなり、狩人其辺に下り立ちて、臥しながら幼き者の夜の物語を聴く、鉄と蒸気の世に立出でしより、詩人夢見ず僧愚にして、茫々百年を過ぎんとす、神秘は僅に荒野の草隠れより探り求むべし、作者か斯る境に身を置くことを得しは大なる幸なり、読者も亦之に由りて様々のことを思ふことを得べし、

『猟人日記』は十九世紀半ばのロシアの小説で、掌編二十余からなる短編集である。各編には柳田が述べているように、確かに当時のロシアの平原の美しい風景が精細に描写されている。点景として、野鳥の生態や小動物も配置されている。しかし農奴解放の一つの契機をなしたと評価されている作品だけに、このような風景描写以上に、地主に虐げられる農奴の苛酷な生活が、淡々と、かつ時には克明に語られているのである。間抜けな地主の姿も描かれている。狩猟を好む一人の地主を主人公とし、彼が語る禽獣を追いつつ各所で体験したり見聞したりした、ロシア農村の人間模様を語る作品なのである。

しかし著者（私）には、柳田の右の感想が農奴の生活やさまざまな人間模様におよんでいるとは思えないのであるが、いかがであろうか。前半部分の関心は、どのように読んでも風景の美しさ心地よさと狩猟の楽しみに向けられている。フランスの近古において貴族の狩猟趣味の犠牲になった者への同情はみせつつも、狩猟は「此の面白味ありてこそ、

それも無理なりぬ富者の欲なるべし」と言いつのり、作品の主題ともいうべき農奴身分の苛酷さは一顧だにされていないのである、と評しては言い過ぎであろうか。

後半部分でとり挙げている「ルゴフ」という短編には、主人公らが狩猟地で危殆に瀕し読者をはらはらさせる事態が描かれている。その点で「精彩尤人を酔はしむる」作品なのかもしれないが、ここには領主の気まぐれに翻弄される一農奴(川漁師でもある)の小一生も語られている。柳田にとってはこれも関心外だったようである。

もう一編の「荒野の一夜」の面白さは、夜、放牧の馬を守りながら少年たちが火を囲んで語りあう怪談話にあるわけだが、柳田はこれらの内容にだいぶ心惹かれたようである。数年後にまとめられる自身の談話筆記「幽冥談」(6)に通じる関心だといえようか。「神秘は僅に荒野の草隠れより探り求むべし」と述べていることも、近代でありながら山がちの地に神秘の語られていることに心惹かれた、後の『遠野物語』に通じる感懐といえるのかもしれない。しかし同時に描かれている、馬を野獣から守らんとする農奴の子供らの野性味あふれる挙措には着目されていないのである。

要するに、『猟人日記』を読んだ当時の柳田は、風景描写や怪談話には感心し大いに興味を持ったけれども、農奴の苛酷な生活や、ロシアにおいて長くつづいていた農奴と地主とが対立交錯する人間模様には、ほとんど心が動かされなかったのだと思わざるをえない。短文の中に無いものねだりをしているように思われるかもしれないが、伝承というものを発見し、民俗学を構想しはじめた後の柳田であったならば、感想の内容はまた大きく異なったものになったのではないであろうか(7)。この感想を発表した明治三十四年当時の柳田は、すでに前年に大学を卒業して農商務省に勤務しており、もう新体詩の創作から離れてはいたが、『猟人日記』の読者としては、農政学専攻者としての目よりも、いまだ新体詩作者意識の方が強かったのだといわざるをえないのである。

したがって幼少年時代に芽生えた農村部地域の伝承生活への関心は、『猟人日記』の感想をまとめた二十歳代半ばにはまだ沈潜したままであって、柳田が伝承生活というものに強い関心を示すには、あと少し年月が必要だったようである。

3 「後狩詞記」の旅までの柳田

少年期に播州平野から関東の利根川べりに移ったことがひとつの大きな旅行であったが、学生時代や官吏在職中にも柳田は、何度も大きな旅を経験している。さらにその後の旅まで含めると、旅に明け暮れた人生だったといっても過言ではないであろう。そして、旅での見聞や体験がしばしば新しい問題発見の契機をなし、解決を促してくれたのである。豊富な読書量とともに、旅は柳田の学問を支えつづけたのであった。

これらの旅行における見聞や感懐は、多くのエッセイや紀行文としてまとめられている。

学生時代のことでいえば、明治三十一年夏に愛知県の渥美半島の先端伊良湖村(現・田原市)で一ヶ月ほど過ごし、滞在中には三重県の神島(現・鳥羽市)にまで渡っている。その見聞を四年後の明治三十五年に「伊勢の海」として結実させている。これには、難破することが多かったという海上生活の厳しさ、村人の寄り物への関心、村芝居、若者宿、浜寝の習俗など、当地において見聞したあれこれが多く記述されており、地域の伝承生活や伝承する人びとへの関心は確かに認められる。他の学生であったなら見過ごしたり、見聞きしてもことさら筆にのせることのなかったことどもであろう。そういう意味では、当時もう、潜在していた伝承への関心が蠢きはじめていたのかもしれない。とはいえ、「伊勢の海」全体のトーンは、地域の生活に寄せる思いよりも、哀調を帯びた文語調文体による景観描写に力をこめた紀行作品であるように思われるが、いかがであろうか(8)。

もっとも、ここには島崎藤村の詩「椰子の実」に材料提供したという椰子の実漂着の事実も述べられ、南の島を恋ふる感懐も語られているのであるから、柳田にとっては、晩年の『海上の道』構想の芽生えにつながる重要な旅行だったのであり、わが国の学問にとっても意義のある旅ではあった。

藤村がらみで言えば、明治三十九年五月、「『破戒』を評す」として島崎藤村『破戒』の読後感も語っている。[9]ここでも、藤村が主題に据えた深刻な社会問題に正面切って言及するというよりも、作品細部の描写にこだわってみたり、情景描写の面白さ巧みさにむしろ作品の価値を認めようとした批評になっている。こういう評を読むかぎり、すでに農商務省や法制局の官吏を経験し、三十歳になったこの時点においても柳田は、文学作品に対しては、いまだ新体詩作者としての読書の域を脱しきっていなかったのではないか、と思わざるをえない。地域に生きる人びとへの同情や社会問題への関心は、いまだしの感をぬぐえないのである。

明治三十九年七月には、旅行そのものについての思いを「旅行の趣味」[10]として語っている。ここには近世の貝原益軒や橘南谿、古川古松軒などの旅行記に心惹かれることが述べられている（この段階ではまだ菅江真澄については知らなかった。第二章参照）。巡検使に同行して奥羽から蝦夷にまで渡り、各地での人々の生活を直視した古松軒の『東遊雑記』を取りあげ、自分も「古松軒流位に旅行をして見たい」という心情を吐露しているし、益軒の『諸国めぐり』を高く評価して、益軒が「或る所では歴史に微かな遺蹟を探つて見たり、又小さな村に立ち留つて村人の生活の模様」を語る態度にいたく共感している。その上で、前年（明治三十八年）に出かけた福島県会津地方や愛知県三河地方などの旅行についても語っている。会津と三河の旅は公務出張ということもあって時間に余裕がなかったためか、生活の活写にまではおよんではいないものの、旅というものへ注ぐ視点は、もう新体詩作者のものではなくなりつつある。旅をしようとする若い者に対して、「成べく愛嬌を有つて機会さへあれば按摩でも船頭でも成たけ話を仕掛けて見るが宜からう」などというアドバイスまで加え、それぞれの地での生活や人間模様の観察に力をこめる大切さを説くようにまで、変わっているのである。

公務としての多くの産業組合啓蒙の旅行については、産業組合を論じた資料しか残されていないので、地域生活をどのように観察しつつ旅をしていたのか詳細はわかりかねるが、その中の明治三十九年秋の北海道・樺太旅行については、「樺太の漁業」[11]という漁業経済を論じた文章以外に、談話筆記ではあるが紀行文的な「樺太雑談」[12]も残している。後者においては漁業以外のさまざまな生活、人びとの生き方にも関心を持って見聞していたことが語られている。

このように、明治三十年代後半すなわち三十歳前後には、「旅行の趣味」に語られているように、柳田の旅行態度が大きく変化しはじめていたことがわかるのである。

成長といえば不遜かもしれないが、とにかく国家官僚として公務出張を繰りかえすなかで柳田は、たとい表面にかぎった生活だったのかもしれないが、地域社会のさまざまな生活実態に触れ、地域生活への独自で新たな視点と問題意識を徐々に獲得していったのだといえる。幼少時に抱いた農村地域の伝承生活への親和的心意や、播州平野と利根川べりの生活を経験したことによる地域間の生活比較で得た関心など、それまで潜在していた心情が徐々に刺激されていったことであろう。

そうして柳田は、「後狩詞記」の旅を迎えることになるのである。

二　『後狩詞記』と椎葉村で得たもの

1　九州旅行と『後狩詞記』の刊行

『後狩詞記』は、明治四十二年三月に柳田国男によって五十部自家出版された。内容は前年の明治四十一年、柳田三十三歳のとき、九州旅行において宮崎県西臼杵郡(現・東臼杵郡)椎葉村を訪れ、そこに一週間滞在して見聞した、主として猪狩りの現状と故実をまとめたものである。(13)

柳田国男は明治三十三年七月に大学を卒業し、農商務省農務局に就職した。そこでは、早稲田大学において「農政学」を講じるとともに、群馬県や長野県など各地に出張して産業組合の趣旨を解説啓蒙し、同年に制定された「産業組合法」にもとづいて産業組合を設立普及させる仕事に従事することになった。この仕事は、大学から大学院時代にかけて「三倉沿革」(14)をまとめ、社会政策学派といわれる松崎蔵之助の指導を受けて農村の協同組合に関心を持っていた柳田にとって、まさに適職であった。

しかし一年半で農商務省を去り、明治三十五年二月に法制局参事官に任官することになる。農商務省に在勤中、各地を精力的に視察に訪れ講演を重ねたが、結局、産業組合の性格をめぐって上司との間に意見の齟齬の生じたことが、法制局への異動の一因をなしたものらしい(15)。しかし、農政学研究や産業組合への関心が衰えたわけではなかった。

法制局において柳田は、閣議に提出する前の段階の、各省で作成した法律・政令等の原案の事前審査などに当たっていた。法制局での仕事の忙しさは国会の会期と連動しており、国会休会中には比較的時間の余裕ができるので、職場の雰囲気として、その間は各自の研究課題を深めてもよいとされていたらしい(16)。柳田は当然、大学時代や前職以来の研究の継続のため各地に調査研究に出向くことになったが、その場合には、農商務省や内務省などの嘱託としての出張旅行の体裁をとっていた。これから述べる明治四十一年の九州旅行も、内務省からの、「高知熊本鹿児島ノ三県へ」の「行政視察ノ為」の公務出張であった(17)。

九州旅行には、明治四十一年の五月二十四日に出発した。福岡から熊本・鹿児島・宮崎の各県を巡り、大分県をへて広島県に入り、さらに四国へと足をのばして、三か月後の八月二十二日に帰京している。その間、各地を視察し精力的に講演をこなし、そのところどころで新聞記者の取材にも応じている。

宮崎県の椎葉村での足どりと、『後狩詞記』成立の経緯については牛島盛光の詳細な研究があり[18]、それによると、宮崎県椎葉村には七月十三日に入り、十九日までの六泊七日間滞在した。椎葉側では村長以下が村の入口まで羽織袴姿で出迎え、柳田も紋付に袴、白足袋で赴くという物々しさだったらしい[19]。そして滞在中は、村長の中瀬淳の案内で、村内の有力者宅に転々と泊りながら視察をして歩いたのである。中瀬淳とは五昼夜も寝食を共にしたというから、行政や産業事情視察という職務上の事柄にとどまらず、村のさまざまな姿や村民の生活を観察し質問したであろうし、村民の生の声に触れることも多かったであろう。

出発当初、椎葉村訪問は予定になかったようである。しかし、熊本・鹿児島両県内の視察を繰り返すうちに、柳田の関心の在りどころを知った人たちから椎葉村の実情がもたらされ、椎葉村行きを決意することになったのである。柳田が後日語ったところによると、椎葉訪問の目的は、「焼畑を行った跡地に生育する山茶の産業的価値の調査、それに加えて椎茸やこんにゃく栽培の発展の可能性などを取調べること[20]」にあり、最初は、少なくとも表向きの理由としては、狩猟の実態を知ることではなかったのである。

柳田が幼少時を過ごして体験していた農村地域や、それまでに産業組合の啓蒙で訪れていた地域には、山地ぎみのところも含まれていたではあろうが、とにかく水田稲作農業を基幹産業にしている農村地域であった。しかし椎葉村は、「村中に三反とつゞいた平地は無く、千余の人家は大抵山腹を切平げて各其敷地を構へて居る[21]」「焼畑が農業の全部で[22]」あるというような、それまで経験したりイメージしていた農村とは、あまりにもかけ離れた地域だったのである。

そういう椎葉村において驚きをもって学び実感したことは数知れないであろうが、『後狩詞記』や帰郷後の研究会での発表、談話[23]等を参考に筆者なりにまとめてみると、次の諸点になる。

（ア）生業の相当部分を現在なお猪猟に負っている地域が存在すること。
（イ）農業の大部分が焼畑によって支えられている地域が存在すること。
（ウ）個人所有を原則とはしない土地所有のあり方。
（エ）右の（ア）・（イ）・（ウ）を通してみられる人々の互助協同の実態や、山の神への信仰。
（オ）先住民族としての山人存在への確信。
（カ）実生活に触れて実感した伝承の豊かさ。

柳田の民俗学は『後狩詞記』より出発しているとよくいわれるように、いろいろ多くのことを学び実感した椎葉村訪問だったのである。次に、右の（ア）～（カ）を敷衍しながら、柳田の得たことどもを確認していきたい。

2　猪猟伝承と『後狩詞記』

『後狩詞記』によると、当時の椎葉村では一年平均四百～五百頭の猪が獲れ、現金に換算したその価値は、三千五百円ぐらいとみなされていたらしい[24]。村の役場の年間予算が七千五百円ほどであったから[25]、猪狩りは村内各家を潤す重要な生業であった。ただ、すべてが販売されるわけではなかったはずだから、猪からの現金収入が三千五百円に達したというわけではもちろんない。それどころか猪がそんなに獲れるということは、農作物への猪の被害がいかに甚大であったかを物語るものであり、村人としては猪狩りに熱心にならざるをえない環境下に置かれていたのである。

『後狩詞記』の「序」によると、柳田は、みずからも有能な狩人であった村長の中瀬から猪と鹿についてさまざまな話を聞き、さらに椎葉徳蔵家に泊まった時には、近年買得したという狩りの伝書をも披見している。訪れた七月は猟期（旧暦の九月下旬から翌年二月までが猟期）ではないので猪狩りを実見したわけではないであろうが、中瀬淳や椎葉徳蔵らの話から、この村での狩りの実態は充分に把握できたことと思われる。このようにして、明治後期という近代日本において、猪狩りが現実いまだに一定の作法にもとづいて、整然とかつ相当大規模に行なわれていることを知ったのである。獲物の解体から分配にいたるまでにも厳然たる決まりごとが伝えられており、また、猟をめぐって紛議の生じたさいの公平な判定方法や、山の支配者としての山の神への敬虔な心意の継承されている地域が、近代の日本に現存することも椎葉村においてはじめて知ったのである。

鹿狩りを記した中世の『狩詞記』[26]の内容が、それまでは遠い時代の事柄だと思っていたところ、『狩詞記』とは鹿と猪、武士と山村民、弓矢と鉄砲という違いこそあれ、同じように豊かな内容を持つ「猪狩の慣習が正に現実に当代に行はれて居ること」[27]に、大きな感動をおぼえたのである。後述するようにこのころはまだ伝承という概念は持ち合わせていなかったが、書物の知識からではなく狩猟伝承の実態に触れたことによって、猪狩りの作法、技術、規範、信仰等が、口頭や所作、以心伝心によって現に継承されている事実（即ちこれが伝承である）を知り、その事実の歴史・文化研究上の意義を感得したのであった。猪狩りの実態を聞き知ることによって地域に生きつづけている豊かな伝承と出会い、地域の伝承に深く触れることの面白さと重要さを学んだことの意味は大きい。

帰京後、その余韻のさめやらぬ十月に、世話になった中瀬淳宛に鄭重な手紙をしたため、椎葉村の生活にたいへん関心を持ったことを述べ、当地の伝承の学問上の意義を説いた。その上で、椎葉村の概要、伝承されている猪狩りの作法、狩りに関する地名や方言などをまとめ、さらに椎葉徳蔵家で一緒に披見した狩りの伝書の写しを送ってほしいと依頼したのである。中瀬にとっては唐突な願いだったであろうが、彼はそれら諸依頼を誠実にまとめ、翌年一月に柳田宛に送り届けたのである。(28)受領した柳田は喜び、これらをもって「都人士どもをびっくりさせる腹に候」というように、『後狩詞記』の刊行に向けて自信満々の返事をしたためている。(29)ここに、中世の『狩詞記』を襲う、近代の『後狩詞記』が誕生するめどが立ったのである。

『後狩詞記』には、中瀬淳が書き送った猪狩り関係の諸資料がほとんどそのまま用いられることになった。『後狩詞記』は、それら諸資料に柳田が若干の註をほどこし、附録として椎葉徳蔵家所蔵の伝書の写しを「狩之巻」として加え、その上で全体の「序」が書き加えられ、一冊の書物としての形を整えたのである。「序」には、『狩詞記』についての柳田の蘊蓄、『後狩詞記』をまとめるにいたった経緯、椎葉村の概要、諸資料の学問的意味が述べられている。かくして明治四十二年三月に、『後狩詞記』は上梓された。椎葉村を訪れてから、わずか八ヶ月後のことである。

3　焼畑農業との出会い

猪狩りについて知っただけでなく、先の(イ)に挙げておいたように、焼畑農業と出会ったことも柳田にとって貴重な体験となった。各地農山村の実情に精通するにはまだ三十歳代前半という若さだったとはいえ、かつて農商務省官僚として講演旅行・視察旅行を繰り返していた柳田が、椎葉村を訪れるまで焼畑農業の存在を知らなかったはずはない。しかし「焼畑が農業の全部である」椎葉村においてはじめて本格的な焼畑農業地域に出会い、焼畑農業というものを実感した意味は大きい。

柳田が訪れた七月は、焼畑作業のちょうど夏藪(七月に木を伐り八月に山を焼くこと)の期間だったので、話を聞くのみならず作業を実見することができたのである。その様子を、帰郷後の行政研究会において次のように報告している。

一家挙つて山に上り、小屋を結びて之れに住み、朝から晩まで木の切払をやります。女も高い木に上つて『コバ』切りに従事するのであります。山の上でありますから水が乏しい。彼等は自然に渇に堪ふる習慣を養ひ得て、僅の水で克く一日を支へ、木場を切り終る迄は、毎日々々朝から晩まで山上で働くのであります。(30)

実見しただけはでなく、土地関係の書類にも目を通している。行政研究会において柳田は、山々に囲繞されてはいても椎葉村の土地台帳には山林とか原野という地目がほとんど見られず、もっとも多いのが畑という地目であることを報告している。そしてこの畑とは字面のごとく火田で、現に焼畑耕作をつづけている畑なのだということを知ったのである。さらに土地台帳上の畑には、たとい今は耕作していなくても、いずれ数年後かに焼畑にあてられるはずの林叢が含まれているということをも知ったのである。その上で、中世の文書に畑と畠とが区別されているごとく、九州の山地では当時なお畑と畠(常畠)とが区別して用いられつづけているのだと述べているのである。(31)

地目の名称のみならず、椎葉村の焼畑には耕作にあたって中世の慣行が現在においても事実として存在しているのだとも述べ、農業の発展に関しては「古今は直立する一の捧では無くて、山地に向けて之を横に寝かしたやうなのが我国のさまである」(32)との感想まで洩らしている。後の方言周圏論に通じる視点を持ちはじめているこの感想は、本章には直接関係はないが、その後の柳田の民俗学の方法論を考える上で注目される。椎葉村で得た知識と実感は、こういう面においても大きかったのである。

椎葉村において知った畑(実際には原野・林叢)の利用実態と山村農業の風景は、それまで水田稲作を中心とする農業を念頭にして日々の公務に取り組み、産業組合などの研究を進めてきた柳田の目に、実に新鮮な事実として映じたことであろう。

焼畑では米作は行なわれず、雑穀栽培が主である。このような山地に住む人びとを当時の柳田は、平地を追われて山地に逃げ込んだ先住民の子孫ではないかとまで考えたように思われる。そして、「山地に残れる人民は、次第に其勢力を失ひ、平地人の圧迫を感ぜずには居られなかったのであります。言はゞ米食人種、水田人種が、粟食人種、焼畑人種を馬鹿にする形であります(33)」と述べ、山地人民に深い同情を寄せている。山地人民観については後述するとして、日本の農業において水田稲作農業と雑穀栽培農業を対比して捉えようとする視点をも獲得したのであり、同時に粟食人種・焼畑人種に伝承されている特異な文化を認め、それらとの比較で、日本の多数を占める米食人種・水田稲作人種である平地人の文化を相対化して考える視点も獲得したのであった。

4 土地所有のあり方

『後狩詞記』には触れられていないが、土地所有のあり方、なかんずく共有地の利用法にも大きな関心を抱いた。そのことを述べた行政研究会における椎葉村の共有地についての談話内容を(34)、要約すると、次のようになる。

宅地や若干の水田、常畠は個人の所有になっているが、椎葉村おいてこれらの総面積は少ない。多くは、先の焼畑の箇所でも述べたように、見た目には原野・林叢と呼んだ方がよい土地である。椎葉村ではこのような原野・林叢が焼畑用の畑と呼ばれ、面積の大半を占めている。この畑は村民共有の地ではあるのだが、皆に共有意識をもって共同管理されているというわけではない。したがって共有地というよりはむしろ、無主の地と表現した方が適当な所有形態になっている。そして、これらの地での焼畑を希望する者への土地の割当てには、小地域長というべき区長が、長年の不文の規則に従い、大きな権限を行使している。

その不文の規則とは、田や常畠を比較的多く所有しかつ家族の少ない家には少なく割当て、逆に、貧しくて家族数の多い家には多く割当てるというものである。その差は最高割当てが三町歩、最少が三反歩で、その間に幾段階かがあり、区長が家々の希望と貧富状態を勘案しつつ決定するのであり、村民の生活が平等になるように配慮されている。こういう方式では、その土地(畑)は、焼畑耕作をしている数年間の使用権は耕作者に属しているが、焼畑の期間(三年ほどであろう)が過ぎれば再び共有地というべき無主の原野・林叢に戻されるのであり、何年か何十年か後にはまた誰かが、希望してその場所を焼畑耕作することになるというわけである。椎葉村には、このように所有者もしくは常使用者の定まっていない、畑という地目の共有地が多い。

このような不文の規則についての柳田の感想は、各家は生活していく上での食糧の必要生産量が充足しておりさえすればよいのであって、それ以上多きを貪るということは椎葉村では一向にはやらないのだと述べ、椎葉村は一種のユートピアだというのである。しかし、住民はユートピア実現などという高い理想の下に不文の規則を守っているのではなく、「全く彼等の土地に対する思想が、平地に於ける我々の思想と異つて居るため、何等の面倒もなく[35]」このような分割法がとられつづけているのだ、というのである。

九州を訪れた柳田に椎葉の状況を語り、それが椎葉訪問を決意させる一因になったという宮崎県知事は、このような土地所有形態は奇習だと断じ、このようなあり方では耕土に対する村民の愛着心が育たず、作物の増収も見込めないと考えていた。そのため、土地を区画して所有権を確立させ、土地への愛情を持たせて開発を促すように改めさせ、増産をはからせなければならない旨の発言をしている[36]。柳田も、生産力を高めるための開発を否定してはいないが、しかし帰京後の行政研究会での談話によれば、こういういわば古い土地制度が伝承されているという現在の事実の方により興味を抱いたわけであり、注目されてよい。ともに国家の行政官僚でありながら、二人の関心の在りどころの相違には興味深いものがある。

繰りかえすようだが、『後狩詞記』には、右に述べてきたような不文の規則(これは伝承ということでもある)に支えられた土地所有のあり方については、触れられていない。しかし帰京後の柳田の談話などをたどると、椎葉村訪問によって、『後狩詞記』には記すことのなかったこういう多くの生活のありよう、すなわち当地域の豊かな伝承というものを学んだのであった。

5 互助協同の実態

猪狩りは単独で行なうこともあったようだが、椎葉村には、協同作業としての狩りの伝承が生きいきと継承されていたのである。それは、トギリという役の者が未明にまず猪の居場所を下見するということから始まり、老練者の指図にしたがって何人かがマブシという場所において猪の通るのを待ち伏せする。セコと呼ばれる追い手が猪の潜伏地に近づいて追い立て、マブシの近くを通って逃げる猪を撃つというものであった。獲物の分配は、鉄砲を命中させた者には規定にしたがって多く分配されるが、その他の者は皆平等だったようである。

狩猟法のほかには、狩りのグループ同士とか狩り組と罠猟者との間に、獲物をめぐって紛議の生じたさいの解決にあたっての慣習法も伝えられていたし、山の神などへの供物の仕方や祈願の呪文など、狩りをめぐっての人と人との関係、人と神、人と自然との調和をはかるさまざまな伝承が存在していたのである。

『後狩詞記』に記されたこのような狩猟の内容は、文字として伝えられてきた事柄ではなかった。口頭あるいは所作によって、また行動を共にする者同士にしか理解しがたい心意によって伝承されつづけたことであり、かつ現に伝承されている事柄だったのである。柳田が椎葉村の狩りに着目し感動したわけは、狩りの内容が興味深かったのみではなく、何よりもこのような事実が現存しているからであった。

互助協同は、ひとり狩りの場合のみならず、火を放つ焼畑の作業においても緊密になされていたし、焼畑の土地利用の慣行にも貫かれていた原則だったのである。その他災害時の互助協同や、日常生活の細々したことにもさまざまな互助協同の慣行があったことであろうが、それらの一半についても知ることになったであろう。

互助協同ということは町場の生活においても、また、水田稲作農業や漁業においても欠かせない。社会生活を維持して行く上で必須の事柄である。産業組合とは、究極のところ互助協同を目的にした組織だということができるが、それを研究し啓蒙してきた柳田は、水田稲作農業地域におけるような互助協同ではないものの、古い形をとどめ、しかも内容の多くが書面にされることなく伝承されてきた椎葉村の互助協同の実態に、いかに感動をおぼえたかは想像に難くない。であるからこそ、椎葉村の事実を直ちに『後狩詞記』としてまとめる準備をし、さらには研究会などで繰り返し発表したのであろう。

6　山人存在の確信

『後狩詞記』の「序」において柳田は、平地人というものに対応させて、椎葉の人びとを山民と表現している。同書での山民への言及はただそれだけであるが、帰京後の行政研究会での談話を読むと、もっと踏み込んで自説を展開させている。椎葉の人をそうだと断定しているわけではないが、山民を、異人種とか先住民の子孫だと捉えていたふしが窺えるのである。そして、椎葉をはじめ九州旅行で触れた山間に居住する人びとを念頭に置いて、次のような注目すべき発言をしている。

要するに古き純日本の思想を有する人民は、次第に平地人の為に山中に追込まれて、日本の旧思想は今日平地に於ては最早殆ど之を窺ひ知ることが出来なくなつて居ります。従つて山地人民の思想性情を観察しなければ、国民性といふものを十分に知得することが出来まいと思ひます。(37)

柳田が初期の研究において関心を持った山人とか山民については、すでに多くの議論がなされているのでここで蒸し返すことは控えるが、とにかく九州旅行において、平地人に対する山地人民という独特な存在への確信が固まっていったことは間違いないであろう。ここでいう「古き純日本の思想」が何なのか明確ではないが、それ以前の明治三十八年の「幽冥談」(38)において述べたような、ある意味では神ともいうべき天狗が有するはずの、正義や義侠心や清潔を好み、偏狭ではあろうが復讐心に富むというような心性を念頭に置いた発言であろう。「幽冥談」の他の箇所において、日本列島における先住民の存在を仮想し、彼等の有していた性格が現日本人にもほそぼそと流れているはずだという旨を述べている。その段階ではまだ仮想であったが、椎葉村をはじめ九州山地を訪れたことによって、山民としてその存在を確信したように思われる。そして日本人の思想とか信仰を問う場合、そういう山民の間に伝承されている心情の重要さに思いをいたすべきだと、考えるようになっていったのである。

さらに言えば、椎葉村の人びとの中に、「幽冥談」において仮想したまま、当時まだ観念上の存在でしかなかった神とか天狗・妖怪と称しうる不可思議のものの原型を、感じたのではないであろうか。あるいはみてとろうとしたのではないだろうか。山地の生活者の中に原日本人を探ろうとする視点は、昭和に入ると柳田の中で後退していくのではあるが、『後狩詞記』以降、山民・山人・山地人民への言及が多くなっていることからわかるように、(39)九州山地の人びととの生活や心情に触れた当時の柳田にとって、先住民を思わせる山民の存在は、一つの発見だったのである。

「幽冥談」関係のことは、次節の『遠野物語』のところで再び言及するつもりである。

7　実生活上の伝承

旅中から田山花袋に送った何枚かのハガキによると、九州旅行の宿泊にはほとんど旅館を利用したようであるが、椎葉村においては、六泊すべて現地の民家の世話になっている。二泊した家もあるから、計五家に泊ったことになる。(40)しかし『後狩詞記』の「序」に、或る家の間取りと家での客の接待の仕方がごくわずか記述されているのみで、椎葉村の日常生活にはまったく言及されていない。管見のかぎりでは、他の資料にも見られない。少なくとも、まとめては述べていない。経験したことは確実なのだが、後々の柳田とは異なって、初期の柳田の筆は、そういうことにはおよんでいないのである。

したがって以下に述べることは、あくまでも著者の推測の域を出ないのではあるが、柳田の経験としては大事なことだったと思われるので、述べておこう。

民家に世話になったからには、三度の食事、火の使用や灯火、水使い、風呂、トイレ、家人の衣服、寝具、屋内の様子（例えば家具や畳の有無など）、神棚・仏壇（朝夕の供物や参拝も）、子供らの遊び、ちょっとした挨拶、家畜・家禽の飼育などなど、その家の日常の生活全般を目の当たりにし、経験したことは間違いない。私事ながら、著者なども若い頃には調査先の一般家庭にどれほど泊めていただいたかしれず、そのときに見たり体験したことは、話を聞いて得た知識とは別に、後々の民俗学研究において実に貴重だったと感謝しているのである。

柳田の場合、おそらく家人は畏まって接待した上に、村長と寝食を共にし、県の職員も同道したようであるから、どこまで自由に振舞えたかはわからない。しかし何に対しても人一倍関心を持つ柳田のことであるから、観察は怠らなかったであろうし、家人にいろいろ問いかけを試みたことも多かったであろう。

村長の中瀬とも、昼夜、村内産業とか猪狩りや焼畑のことばかり話し合っていたわけではないであろうから、食事の内容や日常生活の作法慣習などもいろいろ話題にしたに違いない。地名や観天望気の諺、石仏、ちょっとした伝説も耳にしていたかもしれない。また、電灯のない時代の屋内は暗い。柳田は当時、怪談に関心を抱いていたのであるから、妖怪の話や心意現象に踏み込んだ話題にまで話の幅を広げることもあったであろう。

こういう体験は、官僚としての各地への視察や講演旅行において旅館(それも地域の上等の宿)に止宿していたのでは、なかなか経験できない事柄である。椎葉村において、日本の奥まった農山村の生活を短期間ながら実体験できたことは、その後の柳田の農山村観察眼や思想形成に、少なからぬ影響を与えたのは間違いないと思われる。そういう意味でも椎葉村訪問は、柳田にとって猪狩りの現実を知りえたことにとどまらず、画期的な旅だったのである。『後狩詞記』出版にあたって、「序」の最後に椎葉村を想い、「立かへり又み、川のみなかみにいほりせん日は夢ならでいつ」と詠み記した心情には、猪狩りや焼畑作業の見聞とはまた別に、人びととの触れあいや、伝承されている日常生活への愛着感懐もこめられているように思われるのである。

8 伝承への着目

椎葉村において柳田は一般民家に泊り、土地の人と寝食を共にしながら、自分が育ったりそれまで見聞きしていた農村とはまったくといってよいほど異なる地域の生活を体験した。少なくとも生家周辺の播州平野の農村部、関東平野中央部の利根川べりの農村はこのようではなかった。『定本柳田国男集』別巻五の「年譜」によると、すでにそれまでに役人として、信州や北関東地方、会津など東北地方各地、北海道、樺太など数多くの農山村部へ視察や講演旅行で訪れているが、著者のみるかぎり、樺太を除いて水田稲作農業を基幹産業としない所はなかったのではないだろうか。主食を粟や稗に頼り、米の収量の少ない地は多数存在したであろうが、また、野生動物の被害に悩まされている地域も多々あったであろうが、生業として、焼畑による雑穀栽培と猪狩りを主とする地域はなかったはずである。

しかも椎葉には、柳田が書物を読み古文書類で知識として知っていたのみの古い事実が、猪狩り・焼畑土地利用にかぎらず、さまざまな面において現に濃厚に生きていたのである。まだ伝承というものについての明確な概念が柳田の中に育っていなかったとはいえ、地域の生活ひいては日本文化を理解する上で、各地域に現存するごく普通の伝承生活に着目し分析することの有効性・重要さに目覚め、椎葉村以外にも各地各様の形で生きている伝承が、学ぶべき知識知恵の宝庫であることを悟ったに違いないのである。その体験は実に大きかったはずである。

『産業組合』をはじめとする農政・農業関係の著作を読むかぎり、それまでの役人としての柳田の関心は、農村の出来事、農民の日常茶飯の生活に向けられていたというよりも、相互の扶助努力による生産力向上を目的とした、農業経済や農業政策にあったといえよう。そこには、当時の学問状況としてドイツやイギリスをはじめとするヨーロッパの理論の導入も少なくなかったようで(41)、明治期の学問の主流がそうであったように、読んで（とくに外国の文献を読んで）考える農業経済学、農業政策学の性格が強かったのである。

繰り返すが、柳田の農政学説の評価はそれとしても、農政学者そして官僚としてのそれまでの柳田の主たる関心は、農村の生活そのものでも、農村生活を含む丸ごとの農村そのものでもなかったのだと著者は思っている。たといわずか一週間とはいえ、椎葉村において村民と寝食を共にしつつ、今まで経験してきた地域とは異なる丸ごとの農山村の伝承に触れたことは、農業理解、農村理解、農民理解にとって何ものにも代えがたい意味を持つことになったのだと思われる。『後狩詞記』の内容が猪狩りの伝承にほぼ特化しているとはいえ、「後狩詞記」の旅行は、これまで2〜7

で述べてきたような猪狩り以外のいろいろなことを柳田に教え、考えさせ、肌身に体験させ、そして豊かな発想を育てることになったのである。(42)

このような中から、かつて書物にはほとんど記されることのなかった地域の伝承が、研究の材料とも対象ともなりうるのだとの確信を抱くようになったのだと思われる。柳田の中に潜在しつづけていた伝承への関心が、ここに覚醒し蠢動しはじめ、伝承の重要さが確信されていったわけである。伝承という語を用いるにはいま少し年月がかかるが、実質はここにおいて初めて伝承が発見されたのだと考えてよいのかもしれない。

三　『遠野物語』と一郷の伝承

1　『遠野物語』の刊行

『遠野物語』は『後狩詞記』から一年余後の、明治四十三年六月に刊行された。(43) 柳田国男の自家出版である。内容は、当時、岩手県の遠野郷一円（現・遠野市）に伝承されていた事柄を、同地出身の佐々木喜善（鏡石）から聞き取り、柳田の言によれば正確を旨としかつ「感じたるまま」（「序文」）を、文語体でまとめた書物である。全体は百十九話からなり、それらは目次において次の三十四に分類されている。

地勢　神の始　里の神（ヤクラサマ・ゴンゲサマ）　家の神（オクナイサマ・オシラサマ・ザシキワラシ）　山の神　神女　天狗　山男　山女　山の霊異　仙人堂　蝦夷の跡　塚と森と　姥神　館の址　昔の人　家のさま　家の盛衰（マヨヒガ）　前兆　魂の行方　まぼろし　雪女　河童　猿の経立

猿　狼　熊　狐　色々の鳥　花　小正月の行事　雨風祭　昔々　歌謡

右の目次からもわかるとおり、大部分が神霊にかかわる伝承、伝承している遠野郷の人びとの心意に関する事柄である。

柳田が佐々木に初めて会ったのは、明治四十一年十一月四日だった。地域の伝承文化を実感することになった九州旅行から帰京し、猪狩りの資料送付を椎葉村村長の中瀬淳に依頼した直後である。佐々木は遊学のため上京していた遠野出身の二十三歳の青年で、このとき柳田は三十三歳だった。佐々木を紹介したのは柳田の文学仲間の水野葉舟で、彼も二十六歳と皆まだ若かった。佐々木との出会いから『遠野物語』刊行にいたる経緯はすでに研究し尽くされているといってもよいので、ここでは冗説を控えたい[44]。また、収載されている話の内容についても研究が進んでいるので、以下、それら個々の話に深入りすることも避けたい。

当時、柳田の文学仲間には、怪談・お化け話が流行していた。柳田も、ときに自宅を話の会場に提供したりして怪談・お化け話には相当に熱心だった。すでに触れたように、三年前には『幽冥談』を語ったりもしていた。そうした状況のなかで、水野は、怪談・お化け話の語り手として佐々木を紹介したのであり、佐々木は自分の遠野郷の話の多くをお化け話だと認識しつつ、柳田に語っていたようである[45]。

最初に会った十一月四日に、佐々木がどのような話をいくつ披露したのかはわからないが、柳田は佐々木の話にすぐ反応し、即座にこれらを遠野一郷の「遠野物語」としてまとめようと考えたのである[46]。このことは、柳田の、佐々木の話への評価を知る上できわめて重要である。それから半年余、柳田は何回かにわたって聞き取りをつづけ、さらには遠野を訪れてその雰囲気に触れ、『遠野物語』の完成に向けて準備を進めていくのであるが、最初の段階で、佐々木の話を単に怪談・お化け話への興味からだけではなく、というよりも話の内容への興味以上に、一まとまりの遠野の「物語」、すなわち個別の話の面白さを超えた一郷の伝承、口承の世界として関心を持ったわけである。『遠野物語』という書物は、一般には話（特に怪異話）への興味から取り上げられることが多い。それはそれでよいのだが、『遠野物語』研究としては、このような柳田の、佐々木喜善の話全体についての理解にもっともっと注意が向けられなければならないのである。

2 遠野郷の伝承への評価

『遠野物語』は神秘的な内容と流麗かつ簡潔な文語体文章が絶妙にマッチしていて、泉鏡花以来、芥川龍之介をへて三島由紀夫にいたるまで、そして現代においても文学作品として評価し鑑賞する人が多い(47)。文章の醸しだす独特の遠野郷の世界に感動したり、架空の不思議な話として興味をそそられる人が多いのである。著者も確かに感動的な作品であると思っている。しかしまた、虚心に読めば一つひとつの話の内容は単調で、断片的といってよいものも少なくない。柳田の魅力的な文体がなければ、稚く平凡な話が少なくない『遠野物語』に、はたして絶大なファンがつくようになったであろうか。

柳田は佐々木と会う五年前の明治三十六年に、田山禄弥（田山花袋）と共同で『校訂 近世奇談全集(48)』を校訂編纂し、世に出している。柳田の仕事として広く注目されている書物ではないが、同書に収められているのは、「新著聞集」「老媼茶話」「想山著聞奇談集」「三州奇談」「三州奇談続編」という五編で、いずれも江戸時代に書きとめられた不思議な話の満載されている書物である。柳田がなぜこういう書物の校訂・編纂にかかわったのか詳らかではないが、奇談全集と名づけられていることから推量するに、収載されているこれら各編に、常日頃関心を抱いていた神霊・狐狸類にまつわる話など不可思議な話が多く含まれているからであろう。

一つひとつの話の内容は、概して『校訂 近世奇談全集』収載のものの方が『遠野物語』より変化に富み、読んでみて面白いものが多い。文章に冗漫な憾みの認められるものもあるが、これら五編に価値を認めて編纂の労をとろうとした気持もわかる気がする。しかし『校訂 近世奇談全集』の各話は、かつては口頭で語られていた時代があったであろうとはいえ、編纂の段階ではすでに書き記されていた話ばかりである。柳田としては書物として読んで内容に興味を持ち、世に出すのに値すると考えたわけであろうが、扮飾も混じているかに思われるこれらの話は、当時すでに現実の伝承ではなかったのである。しかも興味深い話があるとはいえ、各編の話の舞台は、「老媼茶話」の中に会津関係の話が多いことを除けば、各編ともまとまりのある一地域の話から成りたっているわけではない。地域の伝承にいまだ覚醒していなかった明治三十六年当時の柳田は、それでも内容に魅力を感じて編纂に手を貸したのであろう。

それに比して佐々木喜善の語る話は、断片的な内容が少なくないとはいえ、すべて遠野という一郷の話であった。しかもその多くが、一郷において現に日々語られ信じられているという点において、現地ではまぎれもない事実譚だったわけである。すでに椎葉村訪問において現実の伝承の重要さに目覚めていた柳田は、個々の話の内容への興味を超え（もちろん内容にも大いに興味を持ったことではあろうが）、佐々木の語る内容が一郷の現実の口承の世界であることに大きな意義を認めたのであった。

佐々木の話への柳田の評価は、『遠野物語』の「序」に簡潔にまとめられている。それは、かつての『今昔物語集』の話などは、まとめられた当時においてすでに「今は昔の話」であったのに対して、とにかくこの書（『遠野物語』）の内容は「目前の出来事」であり、「現在の事実」を記したものであると強調していることによく表われている。個々の話の出来栄えはたとい『今昔物語集』などにおよばないとしても、また全体には単調平凡で断片的な話が多く含まれているかもしれないが、とにかく語られているすべてが、まとまった一地域における現実であることに感動をおぼえたのだと、柳田は語っているのである。しかも今まで書き記されることなく、口から耳へ、心から心へと長年にわたって伝承されつづけ、そして信じられてきた事柄だったからである。『後狩詞記』の猪狩りに関する内容が、伝承されつづけてきた現在の事実であることに感動したのと、同じ種類の感動であったわけである。椎葉村の伝承世界に目覚める以前の柳田であったならば、佐々木の語る内容を興味深い怪談・お化け話としてしか受容しなかったかもしれない。柳田国男研究における『遠野物語』は、個々の話への関心を超えて、柳田のこういう開眼の結果であることにも、もっと目が向けられなければならないのである。

その当時、不思議な話、妖怪話に興味を持つ人は多くいても、ごく平凡な一地方に伝えられている現在の事実にことさら感動する文学者や研究者は、怪異話に心惹かれていた泉鏡花など少数を除いてほとんどいなかったのではないであろうか。刊行当時『遠野物語』がそれほど評価を得なかったということが、(49)その何よりの証拠である。地方の凡々たる人が伝えていることであったとしても、現在の伝承というものに対する具眼の士が多かったならば、自然主義小説全盛の当時にあって、作品として評価を得ていたはずである。(50)文字に記されたものへの信頼がおそらく現在よりも強かった明治時代後期にあっては、江戸時代などの見聞記や随筆類などすでに書物に掬いとられたもの以外、地域の伝承(口承)は田舎の古臭い言い伝えぐらいにしか思われず、関心の対象外だったのであろう。しかし柳田はそのようには思わなかった。世評を気にすることなく、遠野以外にも全国各地にこのような話が文字に掬いとられないまま濃厚に生きていると信じ、その後、地域の伝承の収集に努め、日本文化研究の上での活用を考えるようになっていったのである。

なお柳田も当然、遠野の個々の話の内容にも充分心惹かれてはいた。柳田には怪談・お化け話への関心が早くからあり、そのような関心は、先にも触れたように明治三十八年九月の、談話筆記である「幽冥談」にも表われているのである。

『遠野物語』から少しそれるのをお許しいただきたい。「幽冥談」の内容は、要するに、現世(うつし世)に対し幽冥(かくり世)の存在を強く信じる人びとがおり(柳田もかつてはその一人だったようだ)、現世と幽冥二つの世には往来が成りたっているのだと説くことにある。これはわが国の古い信仰だといい、感情から感情へ伝えられて明治後期の現在にもおよんでいるのだと、柳田は考えていた。

現世と幽冥、この二つの世界間の往来者でもっともよく知られているのは天狗で、天狗とは天狗という字義に拘泥しなければ日本のおばけの一種であり、神の一種だとも柳田は考えていた。前節の『後狩詞記』のところでも少し触れたおいたが、このような天狗は、「非常に義を好むと云ふ性質、正しい事を好むと云ふ性質」を有し、「清潔を好む結果、幾らか気が偏狭であるかも知れ」ず、また「復讐心に富んで」いる存在でもあるのだという。この性質は、武士道と源を同じくするのではないかとも、柳田は考えたのである。

このような性質は、原日本人(この語は使用されていないが、のちに山人をこのように理解するようになる)に伝えられていたはずの心性であり、「昔の民族と一緒に成立つて居る宗教」であるとさえ述べているのである。(51)そして原日本人は、後世、後から来た人びとに追いたてられて減少し消滅の一途をたどったが、しかしなお、現在にわずか存続しているはずだと仮想していた。それゆえ、天狗に代表されるような不可思議というものを信じることは、日本人の古い心性が、現在の人びとの中に依然として継承されているからである。したがって、天狗の存在を信じ天狗に心を寄せるというような心性の研究は、日本国民の性質、国民の精神史研究に寄与できるのだというように、柳田は考えていたのである。

このようにみてくると、柳田が怪談・お化け話に興味を持っていたのは、単に内容が面白いということとは別に、話の中に現在の日本人の大多数からはすでに失われてしまっている、あるいは稀薄になってしまっている古い心性、原心性とでもいうべきものを嗅ぎとろうとしていたからだということがわかる。柳田は、怪談の内容には真偽二種類があり、自分はその真偽の判定に自信があるかのように述べているが、その判断基準は、話のなかに原心性とでもいうべきものを嗅ぎとることができるか否かにおかれているのだ、ということであろう。

早くから抱いていたこのような関心からすると、遠野一郷の話の神秘的なストーリーにももちろん魅力を感じていたとはいえる。しかし繰り返すようではあるが、『遠野物語』をまとめようとした主たる関心事は、個々の話の内容よりも、遠野には山男や天狗などにまつわる不可思議が自らの日常生活の延長として生きいきと語られ、それを事実として現に信じる人びとのいることがわかったことにあったのである。柳田にとってはこの事実こそが、佐々木の語りのもっとも肝要で魅力的な点だったのである。

一郷の不可思議な話と猪狩りの実態とでは、伝承の内容はまるで異なるが、文字として定着させられることなく継承され、現に生きている古い(と思われる)伝承であるという点で一致している。内容的には相当に異なる『遠野物語』と『後狩詞記』ではあるのだが、地域の伝承を評価してまとめておこうとした柳田の中では共通していたわけである。ほぼ同時期に、一方で九州への旅行を体験し、他方で佐々木喜善の語りに触れたことは、柳田に、それまで潜在していた現在の伝承というものへの関心を呼びさまし、伝承というものの内包する学問上の意義を強く認識させる契機になったのである。

四　術語としての伝承

1 伝承の使用

これまで問題にしてきた伝承という語は、一般にいつごろからどのような意味で用いられてきたのであろうか。すでに簡単には触れたおいたが、ここでいくらかまとめてみよう。

『日本国語大辞典』(小学館)によると、すでに平安時代中後期には用いられていた。それも口から耳へ伝えるということだけではなく、ある慣習などが後世に伝えられていく意味にも用いられていたようであるから、民俗学が現在与えているような意味の成立は比較的早かったといえる。その後、江戸時代の文献にも使用例がいくつかはあるようである。

しかし、明治時代にいたっても辞書類にはまず見当たらないので、決して多用される語だったとは思われない。「明治期国語辞書大系」(大空社)に収録されている多くの辞書には、高橋五郎『(和漢雅俗)いろは事典』(明治二十六年)に「伝承、つたへうけたまはる」とあるだけで、他の辞書には掲出されていない。大槻文彦『言海』(明治二十二年)にもない。『言海』はその後の版にも『大言海』にも、ついに伝承という語を掲出させることはなかった。落合直文『ことばの泉』(明治三十一年)にも見当たらない。『ことばの泉』を継承する『改修・言泉』(昭和二年)にいたってようやく、「伝承、つたへうくること。人づてにきくこと」として採用されたのである。

大正時代後期から昭和初期の金沢庄三郎『広辞林』、松井簡治・上田万年『大日本国語辞典』にいたると、もう掲出されている。したがって伝承という語は、大正時代後期にいたって一般にも認知されるようになった言葉だと考えてよさそうである。

2 伝承の「発見」

それでは、民俗学関係の論文や報告類における使用はいかがであろうか。明治時代の『東京人類学会雑誌』には多用されていてもよいかと思われるが、逐一精査したわけではないが、まず見当たらないのである。ただ伝承という語の使用は別としても、『東京人類学会雑誌』の寄稿者には、地域の伝承というものへ関心を持つ人は多かった。しかしながらそれら伝承を、報告者が自らのもの自らの日常と同性格同一レベルのものとして捉えようとしている報告例は少なく、都市人士目線で、地方に残っている奇習扱いをする傾向が強かったように思われる。

大正二年には、奇しくも『郷土研究』と『民俗』という民俗学関係の雑誌が二種類創刊された。

五月に創刊された『民俗』をみておくと、これは石橋臥波・永井如雲を幹事として設立された日本民俗学会（現在の日本民俗学会とは無関係）の機関誌で、会の設立趣意に「古来の習俗、伝承等年に隠滅し月に変化しつゝあり」と記されている。ここでの伝承は習俗の語と並記されているので、習俗が所作によって継承される事柄を指すとすれば、伝承は口頭によって伝えられていくものの意味で用いられているのだと理解してよい。ただ、『民俗』は間遠に五冊のみ刊行されただけで間もなく終刊してしまったために、『民俗』に用いられた伝承の語が、その後の学界にどれくらい影響を与えたのかはいささか疑問である。

一方の『郷土研究』は、『民俗』より少し早く三月に創刊され、高木敏雄・柳田国男が編集した雑誌である（一年後からは柳田の単独編集となる）。以来大正六年三月までの四年間、毎月刊行されつづけていたので、その後の民俗学界に与えた影響はきわめて大きい。

その創刊号の巻頭論文「郷土研究の本領」に、高木敏雄が「若干の伝承と旧習とは」(第一巻二頁)とか、「三輪式神婚説話に就て」に「南方「スラブ」族の民間伝承に、似た話がある」(第一巻三五頁)というようにして、伝承の語を用いている。第二号以降においても同様に用いている。創刊以来の一年間、伝承の語は高木の専売特許のようなもので、いずれも昔話などが口頭で伝えられるという意味で盛んに使用されていたのである。

二年目の第二巻以降になると、松村武雄「虎と人との争に狐の裁判」という論文に「印度に伝承せらるる説話にも」(第二巻八六頁)、岡市正人「北河内より」という報告に「本誓寺の住職より伝承す」(四九七頁)というふうに、他の人も少しずつ用いるようになる。柳田も菅沼可児彦(柳田のペンネーム)「郷土の年代記と英雄」において「伝説伝承の経路が」(同四六八頁)と述べ、「山荘太夫考」においても「昔の人の律語を以て事績を伝承する習性は」(第三巻七二頁)というように用い、徐々に自らの語としていった。しかしすべてが明らかに昔話・伝説などを口頭で伝える意味でしか用いていないのであって、身体所作によって継承される事柄や、いわく言いがたい心意を受け継いで後世に伝えるという意味は、まだ伝承には与えられていなかったのである。

そうとはいえ、以上の諸例によって、伝承という語が、大正初期に研究者間で用いられはじめていたことは間違いない。

大正時代半ばになると、村史(村誌)・郡史(郡誌)・県史(県誌)の形で郷土史(郷土誌)類が簇生する。柳田はそれら郷土史(郷土誌)類の編集方針や内容について積極的に発言し、それらの発言をまとめて大正十一年三月に『郷土誌論』(52)を世に問うた。

そこに収載された「相州内郷村の話」(大正七年)においては、「耳から口への伝承は、世に口碑とも言ふ位で、村としては重要な史料に相違ない」(53)とか、「農に関する土俗」(大正七年)において、「同じく農業と云ふ中でも、稲作に就ては特に紀念すべき伝承が多い」[54]などというようにして、伝承の語を用いている。二例とも口頭で伝えられている事柄ではあるが、事柄の内容は、以前のような昔話・伝説類にかぎったものではなくなっている。引用文の前後から判断して、前者の伝承という意味には村の出来事とか不文の規則をも含み、後者の伝承の語は稲作の方法とか収穫後の祭りを指していることがわかる。大正半ばにいたってようやく、昔話・伝説以外の所作によって伝えられていくことをも、伝承という語で捉えようという考えになってきたのだとみることができる。[55]

大正十一年の折口信夫の「民間伝承蒐集事項目安」では、さらに注目すべき用い方がなされている。折口は、伝承を、口頭で伝えられる事柄（昔話・伝説など）という意味から、所作や以心伝心によって伝えられていく事柄という意味にまで拡大して考え、伝承される事柄を、信仰に関するもの、医療・禁厭、一般風習、階級制度、口碑・民譚、言語・遊戯等々、十四に分けたのであった。[56]分類の仕方については異論があるとしても、「民間伝承蒐集事項要目」は、伝承という語に含める意味を、すでに現在の考えと同じところまで押し進めた画期的なものである。

先の『郷土誌論』は、当時、柳田が編集した「炉辺叢書」全三十六冊中の一冊であるが、同じ「炉辺叢書」に含まれている小池直太郎『小谷口碑集』（大正十一年）の「はしがき」にも、伝承の語は「（この）小谷（ヲタリ）口碑集に採録した民間伝承の主たる採集区域は」というようにして用いられている。このようにして地方の研究者の間にも、徐々に伝承の語を用いる人が出てきた。『小谷口碑集』は口碑集であるから、取上げられている事柄に伝説・昔話類が多いのは当然であるが、他に年中行事や家の建て方、田植の方法や農祭りまで含まれており、伝承という語が、広い内容を含むものだという理解が定着しはじめていたことがわかるのである。

同じく「炉辺叢書」の一冊である島袋源七『山原の土俗』（昭和四年）の「凡例」においても、「民間伝承はすべて根ざしが宗教にあるのです」と述べられている。『山原の民俗』は、内容に伝説・昔話を多く含みつつも、伝承の語に、伝説・昔話を超えたもっと広い意味を持たせているのである。同書は昭和四年の刊行であるが、同書によると、「凡例」の執筆されたのは大正十四年であった。

このように大正中後期の使用例をみていくと、柳田国男によって学問上の意味が発見された伝承という営みが、ここに初めて伝承という語によって認められ定着していったということができるのである。

なお、『山原の民俗』にも、先の『小谷口碑集』にも、伝承の語は民間伝承という語として用いられていることにも注意しておきたい。民間伝承という語の使用例は、高木敏雄の書いたものにも見え、遅くとも大正初期まで遡ることができるのであるが、この語は、あらためて柳田によって昭和初期に概念化される術語である。民間伝承の語が『小谷口碑集』『山原の民俗』両書に使用されるにあたっては、「炉辺叢書」の編纂者である柳田の意図が働いているとみてよいであろう。

少し整理しておくと、かくして大正時代の初期に、昔話・伝説などが口伝えに継承されていくという意味で多用されだした伝承という語が、大正時代半ばになると、所作・技術として伝えられていくことや、その伝えられている事柄、祭りや信仰のように多分に心意に属する事柄が伝えられていくことにまで、拡大して用いられるようになった。このことは、今まで文字に記される機会がなくても、伝承されている(あるいは伝承されていた)所作・技術や観念が、歴史や文化研究の上で疎かにできない重要な事柄であるとの認識が、柳田以外の研究者のあいだに定着しはじめたからであろう。この段階にいたって、伝承が現在と同じ概念の語として認められるようになったのである。『後狩詞記』や『遠野物語』の執筆にあたって柳田が強く認識していた、地域に長らく伝えられてきた事柄の学問上の意味が、「伝承」という語によって、柳田以外の人にも認知されるようになったわけである。当然、それまでは見向きされることの少なかった伝承を担っている人びとへの関心も、高まっていったのである。(57)

このように発見され、伝承という術語によって、柳田以外にも認知されだした伝承という文化は、昭和時代に入ると伝承の語が学術用語として磨かれ、柳田の『民間伝承論』『郷土生活の研究法』(58)において、唱え言・謎・昔話・伝説などの言語に関することども(柳田は言語芸術という)のほか、社会組織や互助協同のあり方、婚姻・葬送習俗や衣食住など目に見える生活諸相、心意現象としての予兆・卜占・禁忌・呪術などいわゆる俗信、倫理観、神観念などに分類されることになった。そして伝承という語は、ときには口から耳へ、ときには所作として、あるいは以心伝心で継承されてきた(あるいは現に伝承されている)事柄、そして継承されているという事実を指す概念として定着したのである。

なお、その際に柳田は、伝承に民間の語を冠し、民間伝承としてその体系化をはかろうとした。民間伝承という語そのものは、すでに述べたように大正初期に『郷土研究』誌上で高木敏雄が用いてはいるが、昔話・伝説類にのみ用いていた高木とは異なって、柳田は、民間伝承の内容は体碑・口碑・心碑にわたるものだとし(59)、これをそれぞれ生活諸様式・生活解説・生活観念と呼んでもよいとか、有形文化・言語芸術・心意現象に三大別できるともし(60)、さらにこの三大別を細分化して考えようともしたのである。その際に採用した民間伝承という語について、次のように述べている。

民間伝承論といふ名称は、(中略)提案者の本意を告白するならば、是を欧羅巴大陸若干の旧国に於て、Les Traditions Populaire など、謂つて居る一団の知識と、出入り無く一致せしめるを以て便利とし、更に現在是とほゞ同義語の如く解せられて居る英人の所謂 Folk-Lore とも、範囲を同じくするものと認められんことを欲して居るのである。トラヂシオンといふ語は、其本国に於ても色々政治上の連想があつて困ることは、日本今日の「伝統」といふ訳語が之を推測させる。それでポピュレールといふ形容詞に、非常に重きを置いてもらふことになって居るのだが、我々はそれを「民間」としか表現し得なかった。その代りに新たな感じのある伝承といふ語を以て情実纏綿する伝統にさし替へることが出来たのである。(61)

要するに、伝統が主として権威権力側に属する事柄、明確な価値意識を伴って伝えられていく事柄、というニュアンスをこめて多用されてきたから、そういう伝統という語を避け、多くの人によって日常的にほぼ無意識のうちに伝えられていく(あるいは伝えられていた)事柄という意味で、まだ手垢にまみれていない新しい語である伝承を用いるというのである。さらにその意味を明確にするために、populaireという修飾語を用いたフランスの例に倣って民間という語を冠するというのである。柳田はすでに大正時代中期において、伝承の語に所作によって伝えられていく事柄、以心伝心によって継承されていく事柄をも含めてはいたが、大正後期の渡欧でヨーロッパの民俗学に直接触れたことによって、自信を持って、伝承・民間伝承という語を研究上の術語として使用するようになったのだと思われる。

ここで、この語についての著者の見解を述べれば、日本語の伝承という語は伝統とは明らかにニュアンスが異なる上に、伝承という語にはすでに民間の意が含意されているのであるから、わざわざ民間伝承とすることなく、「伝承」のままでよかったのではないかと思っている。

著者が理解する伝承概念については、すでに「はじめに」で示してあるが、これは現在の多くの民俗学者に同意される概念だと思っている。そして概念が明確になった伝承という学術用語によって、各地に無限に存在している伝承という営みを積極的に掬い取り、昭和初期以降、これを研究対象とも研究材料ともする試みがしだいに本格化していくのである。そしてこの試みは、日本の人文・社会科学全般にも影響を与え、日本の諸学問を豊かにしていくことになったのである。

おわりに

伝承の語は、大正時代になって、説話類や歌謡類を口頭で伝えること、あるいはそのようにして伝えられていく事柄の意味で多用されだした。さらに大正時代半ばになると、口頭で伝えられる事柄にかぎらず、身体全体を用いる所作や技術として伝えられる事柄、以心伝心によって伝えられていく微妙な心意までもを含む語として用いられ、民俗学の学術用語として定着していった。

このことは、単に、伝承という語の含意が拡大したというだけではない。これまで長らく等閑視されてきた、ごく当たり前のように展開する眼前のさまざまな営み、所作や技術、観念というものの研究上の意味が認められたこと、すなわち日常・非日常の時間・場を問わず伝承されているそれらの包蔵する文化的豊穣さが注目され、このような事柄の研究、およびこのような事柄を伝えてきた（伝えている）人びとの研究が、日本の歴史・文化研究に資するものであることが広く認識されるようになったことを意味するのである。ここにおいて伝承が名実共に発見されたのであり、同時に伝承を担っている人びとへも関心が向けられるようになったのである。そしてその発見は、柳田国男によって牽引されたものであり、伝承の発見こそが、個々の学説を超えた、柳田の人文・社会科学への何よりの大きな貢献であったというのが、この章において著者の強調しようとしたところである。

各地の伝承の豊かさ・重要さについては、よく知られているように、本居宣長が早くに説いていることである（宣長が伝承の語を用いているわけではないが）(62)。しかし自らの営みとは一見して異なる伝承を体験し、実感したり見聞した上で、結局はそれらが自らの伝承と本質的には同じものだとしてこれらを文字に掬いとり、研究上の重要さを積極的に発信し、さらに各地の伝承を比較検討し、体系化を試み、研究の対象や材料にしてみせた人は、柳田以前にはいなかったのである。

明治時代後期に著わされた『後狩詞記』と『遠野物語』は、当時はまだ伝承という語が使われていなかったとはいえ、両書は、そこに記された内容を超えて、伝承の持つ豊穣さの発見発信の書として画期的であったのだと、著者は考えている。(63)

『後狩詞記』や『遠野物語』をまとめた段階での柳田は、まだフレーザーもゴンムも読んでいなかった。(64)のちにフレーザーの視点に共鳴し、また民俗学の体系化を試みるさいにゴンムを参考にすることになったのではあるが、学問の鍵となる伝承の発見は柳田自身の経験にもとづく独自の感性によるものだったのである。『後狩詞記』『遠野物語』両書とも偶然に知ることになった内容を記した書ではあるが、柳田は独自の感性と洞察力によって、椎葉村と遠野郷の伝承にこめられている事柄の現在性の重要さを感得し、さらには伝承という文化が秘めている豊穣さを明確に認め、伝承というものが研究の対象にも材料にも値すると考えたのであった。

椎葉村訪問以前の読書日記ともいうべき「困蟻功程」(65)・「困蟻労程」に見える書物と、訪問以後に編纂を始めた「諸国叢書」(66)に収められた書物の傾向は微妙に異なっている。これも、伝承文化を強く意識することになった結果であろう。

註

(1)　伝承概念の検討については、平山和彦『伝承と慣習の論理』(吉川弘文館、平成四年)がある。また著者も、「「伝承」

の全体像理解にむけて」(『日本常民文化紀要』二七輯、平成二十一年)において検討したことがある。

(2)「伝承の「発見」」という題では、すでに平成二十四年七月二十五日の成城大学グローカル研究センター主催「柳田国男没後五〇周年記念シンポジュウム」において短い講演をし、その内容が『現代思想』四〇巻一二号(平成二十四年十月臨時増刊号)に掲載されている。さらに『現代思想』に発表した内容を増補して拙稿「伝承の「発見」」(『成城文藝』二二一号、平成二十四年)をまとめている。本章は、それらを大幅に増補したものである。

(3)『故郷七十年』(『柳田国男全集』二一)。なお、この書に拠りながら、辻川と布川での柳田の体験を、両地域の柳田在住当時の状況のなかで考えようとしたものに、藤井隆至『柳田国男 経世済民の学』(名古屋大学出版会、平成七年)がある。

(4) 柳田国男の生家は松岡姓だったが、明治三十四年五月、満二十五歳のときに柳田家の養嗣子となり、柳田姓を名乗ることになった。しかし本書では、幼少年期を通じて柳田国男もしくは柳田として述べていく。

(5)「すゞみ台(一)」(『柳田国男全集』二三)一七六頁。

(6)「幽冥談」(『柳田国男全集』二三)。

(7) これより後の明治四十二年五月には「クロポトキンとツルゲーネフ」(『柳田国男全集』二三)をまとめているが、ここでのツルゲーネフ観は『猟人日記』を再読しての柳田自身のものではない。と同時にここでも、ツルゲーネフの描いた人間模様や農奴の生活にはとくに言及されていないのであるから、当時の柳田の『猟人日記』の読みは、そこまでおよんでいなかったとみてよいのではないであろうか。

(8)「伊勢の海」(『柳田国男全集』二三)。この作品に柳田の民俗学の原型をみようとする考えのあることは承知している。最近、影印刊行された岡田・刀根編著『(柳田国男の手帖)明治三十年・伊勢海ノ資料』(伊勢民俗学会刊)の解説(福田アジオ執筆)も同様の趣旨からなされており、もちろん、そのようにみることもできよう。

(9)「『破戒』を評す」(『柳田国男全集』二三)。

(10)「旅行の趣味」(『柳田国男全集』二三)。

(11)「樺太の漁業」(『柳田国男全集』二三)。

(12)「樺太雑談」(『柳田国男全集』二三)。「樺太旅行」については、近年、松田睦彦も触れている(「この人の旅　柳田国男」『まほら』八八、平成二十八年)。

(13)『後狩詞記』(『柳田国男全集』一)。

(14)「三倉沿革」は、成城大学民俗学研究所より、『民俗学研究所紀要』三六集・別冊(平成二十四年)として、小島璎礼の解説をつけ影印刊行されている。

(15)藤井隆至『柳田国男―『産業組合』と『遠野物語』のあいだ』(日本経済評論社、平成二十年)六三～六六頁。

(16)藤井前掲註(15)六九頁。

(17)牛島盛光『日本民俗学の源流―柳田国男と椎葉村―』(岩崎美術社、平成五年)二一〇頁。

(18)牛島前掲註(17)。

(19)牛島前掲註(17)二二頁。この箇所は宮本常一の文章の引用であるが、引用しながらも、牛島は、宮本の述べることに若干疑問を持っているようにも思われる。

(20)千葉徳爾「解題」(『諸国叢書』二輯、成城大学民俗学研究所編刊、昭和六十年)二〇五頁。

(21)『後狩詞記』(『柳田国男全集』一)四三五頁。

(22)「九州南部地方の民風」(『柳田国男全集』二三)六二七頁。これは最初、『斯民』第四編第一号(明治四十二年四月)に、談話筆記として掲載された。この談話筆記に注目し、柳田の九州旅行の意義を説いた早い段階のものに、福田アジオ『歴史と日本民俗学』(吉川弘文館、平成二十八年)の第一部第一章がある。
(23) 「九州南部地方の民風」「山民の生活　上・下」(『柳田国男全集』二三)。
(24) 『後狩詞記』(『柳田国男全集』一)四三四頁。
(25) 「西臼杵郡椎葉村明治四十一年度歳入出予算議案」(前掲註(20)『諸国叢書』二輯)。
(26) 『狩詞記』は、「群書類従」巻四一九(第二三輯)の武家部に「就狩詞少々覚悟之事(今称狩詞記)」として収録されている。冒頭に「かりと云は鹿がりの事なり」と述べられており、内容のほとんどは鹿狩りの作法や詞だが、鳥などについてもいくらか記されている。
(27) 『後狩詞記』(『柳田国男全集』一)四三四頁。なお、狩猟への関心は椎葉村の実態に触れたことが契機というわけではなかった。この旅行において、阿蘇で古い狩りの絵を見たり、各地で狩りの様子を聞き知って、徐々に関心が高まっていたことと思われる。
(28) 中瀬の送った諸書類は、現在、成城大学民俗学研究所「柳田文庫」に保蔵されているが、それらは、前掲註(20)『諸国叢書』二輯に、千葉徳爾の「解題」をつけて収載されている。同時に、関係する中瀬宛の柳田の書簡も、『諸国叢書』三輯(昭和六十一年)に牛島盛光の解説をつけて収載されている。
(29) 『諸国叢書』三輯(成城大学民俗学研究所編刊、昭和六十一年)七三・九四頁。
(30) 「九州南部地方の民風」(『柳田国男全集』二三)六二七頁。
(31) 「九州南部地方の民風」(『柳田国男全集』二三)。
(32) 『後狩詞記』(『柳田国男全集』一)四三五頁。

(33)「九州南部地方の民風」(『柳田国男全集』二三)六三一頁。
(34)「九州南部地方の民風」(『柳田国男全集』二三)。
(35)「九州南部地方の民風」(『柳田国男全集』二三)六二八頁。
(36)牛島前掲註(17)一三頁。
(37)「九州南部地方の民風」(『柳田国男全集』二三)六三〇～六三一頁。なお、よく引用される『遠野物語』序文の中の「願はくは之を語りて平地人を戦慄せしめよ」という思いは、これと通底している。
(38)「幽冥談」(『柳田国男全集』二三)。
(39)「山民の生活」上下・「山人の研究」(『柳田国男全集』二三)は、早い段階でのそれである。
(40)『田山花袋宛 柳田国男書簡集』(館林市、平成三年)一八七～一九〇頁。
(41)藤井隆至『柳田国男・経世済民の学—経済・倫理・教育—』(名古屋大学出版会、平成七年)。
(42)この旅行から帰京後すぐ「事実の興味」(『柳田国男全集』二三)という短文を発表して、左のように述べている。

私は此頃昔の凡人の心持を研究しようと思つて地理書を読んで居るが、なか〳〵興味深いものだ。所謂日本歴史といふものには、大きな事件とか、大きな人物とか、若くは地位の高い人のことばかりしか書いてないが、ふるい地理書の類を読んで居ると、当時の凡人の心持がよく解る。

この時点での、わざわざ「事実の興味」とか「凡人の心持」を強調するこういう歴史観は、後の柳田の研究を考える場合注目すべき内容である。こういう心情も「後狩詞記」の旅行において固まったものとすれば、この旅行の意義はさらに大きかったといえる。
(43)『遠野物語』は、後に「遠野物語拾遺」を含む増補版が出されているが、本章では以下、明治四十三年のもの(『柳田国男全集』二）による。
(44) 石井正己『遠野物語の誕生』（若草書房、平成十二年）に詳しい。
(45) このころの柳田や仲間の雰囲気は、東雅夫『遠野物語と怪談の時代』（角川学芸出版、角川選書、平成二十二年）に詳しい。
(46) 石井前掲註(44)三六頁。
なお、近年の佐藤健二『柳田国男の歴史社会学（続・読書空間の近代）』（せりか書房、平成二十七年）の第二章では、『遠野物語』を後の「郷土誌」類につながるものと考えているが、同書の評価として正鵠を射たものといえる。
(47) 石内徹「『遠野物語』研究小史」（石内徹編『柳田国男『遠野物語』作品論集成』I巻、大空社、平成八年）。
(48) 柳田国男・田山禄弥編『校訂近世奇談全集』（博文館、明治三十六年）。
(49) 前掲註(47)『柳田国男『遠野物語』作品論集成』によると、刊行された明治四十三年に七名がそれぞれ関係の雑誌に批評を寄せているが、著者(私)のみるところ、「郷土会」の仲間だった小田内通敏の「『遠野物語』を読む」以外に、柳田の趣旨を充分に理解していた評はないように思う。そして、昭和三十年代以降話題になりつづけている『遠野物語』ではあるが、昭和十年に増補版が出るまでは、『遠野物語』が話題になることはほとんどなかったようである。
(50) 自然主義文学思想との関係については、岩本由輝『もう一つの遠野物語』（刀水書房、昭和五十八年）、大塚英志『怪談前後―柳田民俗学と自然主義』（角川学芸出版、平成十九年）などにも論じられている。
(51) 「幽冥談」（『柳田国男全集』二三）四〇〇～四〇一頁。
(52) 『郷土誌論』（『柳田国男全集』三）。
(53) 「相州内郷村の話」（『柳田国男全集』三）一四四頁。この内郷村の調査は、宮崎県椎葉村訪問と並ぶ、柳田にとっては珍しい実地調査であった。近年、柳田の地域研究と内郷村調査について論じたものに、小島瓔礼「柳田国男の『地方の研究』時代――明治四十二年の愛川村訪問から大正七年の内郷村調査へ――」（『民俗学研究所紀要』三一集、平成十九年）がある。

(54)「農に関する土俗」（『柳田国男全集』三）一八五頁。

(55)この認識は、『郷土研究』誌上の「紙上問答」などで、大正前期から少しずつ育ってはいたが。

(56)折口信夫「民間伝承蒐集事項目安」（『折口信夫全集』第一五巻、中央公論社、昭和三十年）。これは柳田の意を受け、啓明会へ提出する「民間伝承採集事業説明書」に貼付したもので、一般に公表されたのは昭和六年だった（事業の採否について著者は詳かにしない）。

(57)伝承の発見は、こういう雰囲気を持つものであったがゆえに、昭和に入って社会主義運動に挫折したような人びとにも関心を持たれるようになったのだと思われる。そして柳田の周辺には、こういう人が何人も集まったのである。

(58)『民間伝承論』『郷土生活の研究法』（『柳田国男全集』八）。

(59)『民間伝承論』（『柳田国男全集』八）九八・九九頁。

(60)『郷土生活の研究法』（『柳田国男全集』八）。

(61)『民間伝承論』（『柳田国男全集』八）一七頁。

(62)『玉勝間』の八の巻「萩の下葉」。

(63)おなじころに柳田は、専門の農業経済関係の書物以外に、『石神問答』（明治四十三年）と『山島民譚集』（大正三年）もまとめている。いま、『遠野物語』同様に心意を問題にしたこの二書の検討をしなかった理由を述べておこう。『石神問答』は、野辺・路傍に祀られている神仏への信仰やそれら神仏の由来を追求したものであり、『山島民譚集』は、「河童駒引」と「馬蹄石」という二伝説の集成および、それらに若干のコメントを附したものである。ともに、伝えていた当時の人たちには事実とされていたものである。その点で『遠野物語』に通じるものがあるが（だから柳田はまとめたのであろう）、まとめた当時においては「現在の事実」でなかったものも多く含まれていたし、まとまりのある一地域の事柄でもなかった。したがって『後狩詞記』や『遠野物語』のように、生きている伝承というものの重要さを念頭に置いてまとめられたものとは思えないからである。

（64）田中藤司「柳田文庫所蔵読了自記洋書目録・略年表」（『民俗学研究所紀要』二二集・別冊、平成十年）による。なお、柳田と洋書については、高橋治「柳田国男の洋書体験 一九〇〇―一九三〇――柳田国男所蔵洋書調査報告――」（『柳田国男・民俗の記述〈柳田国男研究年報3〉』岩田書院、平成十二年）に詳しい。

（65）「困蟻功程」「困蟻労程」（『伝承文化』五号、成城大学民俗学研究室、昭和四十一年）。

（66）「諸国叢書」については、第六章参照。

第二章　柳田国男の菅江真澄「発見」
──羽柴雄輔との交流をとおして──

はじめに

確かな生地や生年、生い立ちについては明らかでない謎の人といわれながら、菅江真澄は民俗学研究者の間ではあまりにも有名である。近年ではマスコミにとりあげられることも多く、徐々に一般にも知られるようになってきた。

菅江真澄は文政十二年（一八二九）七月十九日に、現在の秋田県仙北市の神官鈴木家で病没している（ただし諸説ある）。そのとき享年七十六とされていたことから、生年は宝暦四年（一七五四）であろうと推定されている。生地は現在の愛知県豊橋市か岡崎市のどこかであるらしい。若い頃には国学や本草学を学んだ。天明三年（一七八三）に郷里を出てからは、洗馬（塩尻市）を中心に信濃国（長野県）に一年ほど滞在し、越後国（新潟県）をへて、天明四年九月に出羽国（山形・秋田県）に入った。その後は生地に戻ることはなかったようで、晩年にいたるまで奥羽地方を旅して歩き、その間、蝦夷地（北海道）にも渡ってそこに四年余滞在し、福山（松前）を中心に渡島半島南部各地の旅も経験した。生涯で最も長く滞在しよく歩いたのは現在の秋田県だったようで、晩年近くになって何人かの秋田藩士とも交友を持った。その関係で九代目藩主佐竹義和にも謁見することができ、藩内の地誌作成にもかかわったのである。

姓は白井、名は英二といったが、知之その他も名乗った。三十歳前後から白井秀雄と称することが多くなり、白井真隅や白井真澄などを使ったあと、五十歳代半ばより菅江真澄の名前を用いるようになった。厖大な著作を残したにもかかわらず、ついに家族のことや郷里における幼少年時代の経験、郷里を出奔した理由など、自らの生い立ちについてはほとんど明かすことがなかった。また奥羽地方に足を踏み入れたあと、晩年にいたるまでさしたる定住の地もないまま各地の漂泊に明け暮れた。このようなことから、謎につつまれた人物とされているのである。

しかし、現在残されているものだけでも、『菅江真澄全集』全十二巻（他に別巻一）(1)に纏められている浩瀚な著作をなしたことは事実であるし、そのうちの数多くの日記風紀行文（「真澄遊覧記」と総称されている）は、江戸時代後期の奥羽地方はもとより、足跡を残した信濃国や蝦夷地の民俗文化を知る上で、またとない好資料となっている。紀行文の多くに丹念な筆致の数多くの絵が添えられていることも、資料の価値を高めているといえよう。

そのため早くから菅江真澄の研究が進められてきた。とくに昭和四十年代以降は、『菅江真澄全集』の発刊もあって研究が盛んになった。昭和五十六年には、真澄にとっての第二の故郷ともいうべき秋田県を中心に菅江真澄研究会が組織され、その機関誌『菅江真澄研究』が刊行されるようになった。平成八年には秋田県立博物館に菅江真澄資料センターが開設され、ここでも紀要『真澄研究』が刊行されている(2)。また、菅江真澄についての基本的な研究論文を再録し、研究史や充実した研究文献目録を含む『菅江真澄研究の軌跡』(3)がまとめられ、関係書の出版も相次ぎ、研究が進められているのである(4)。

菅江真澄研究は、秋田県においては明治時代初めからなされていた。そういう意味で真澄は、地元の研究者には早くから知られていたのである。しかし、全国の研究者に、真澄の学風や人柄、日記風紀行文の魅力や資料的価値が注目されるようになるのは遅く、大正時代に柳田が評価するようになってからだといってよい。そして一般に広く知られるようになるのは、昭和十七年に柳田国男の『菅江真澄』(5)が出版されてからではないであろうか。『菅江真澄』は昭和初期に発表した真澄関係の諸論考に真澄の旅年譜を付した書物で、その後の真澄研究にとって大きな拠りどころとなった。

菅江真澄の業績は不変だとしても、もし柳田なかりせば、足跡を留めたそれぞれの地において、貴重な記録を残してくれた不思議な旅人として、限られた郷土史家の尊敬の対象にとどまっていたかもしれない。一部の研究者には見出されていたとしても、はたして多くの人に現在ほど高く評価されていたであろうか。一方、もしも真澄がいなかったらならば、柳田の学問の艶もいくらか異なったものになっていたかもしれない。柳田は真澄の理解者・研究者であるとともに紹介者でもあり、真澄ファンでもあったのである。およそ百二十年を隔てて生を受けた二人の出会いは、わが国の文化史研究にとって意義深い出来事であった。

柳田がある程度まとまった文章として真澄を紹介した最初のものは、大正九年の「還らざりし人」(6)である。真澄の生地近くを旅した途次に思い出すまま記したという短編ながら、真澄の生涯が凝縮して描かれており、すでにこの時期柳田は、相当多くの真澄の紀行文を読み込んでいたことがわかる。

ところで柳田が、菅江真澄の著作に初めて触れたのはいつごろであろうか。昭和三年三月に発表した「霜夜談」のなかで、柳田自ら次のように述べている。

十七八年以前に自分が始めて『真澄遊覧記』なるものを読んで、何とかしてこの感激を友に分ちたいと思つた、云々(7)

昭和三年から十七、八年前といえば、明治四十三、四年ということになる。後でも触れるが、おそらく山方香峰から

「真澄遊覧記」のことを聞いた直後で、(8)感激したというのである。おそらく精細な絵を付した奥羽地方の地誌的記述に関心を持ち、そして第一章で述べたように、すでに伝承の学問上の重要さに目覚めはじめていた柳田は、農山漁村民の行事や日常諸生活の描写に魅了されたのであろう。そのころ柳田は、内閣法制局参事官のかたわら内閣官房の記録課長として内閣文庫管理の任にも当たっていたので、読んで感激したという日記風紀行文「真澄遊覧記」が、内閣文庫蔵のものであったことは間違いないであろう。

それはそれとして、柳田国男の菅江真澄「発見」を考えるとき、従来ほとんど注目されることのなかったもうひとつ重要な事実が存在していた。柳田が明治末期から大正初期にかけて、自らの書斎に備えるべく、各地の郷土誌・史料類を集めた「諸国叢書」というものの編纂を熱心に企てていたことである。(9)そしてその資料収集の過程で羽柴雄輔に出会い、羽柴の所蔵する真澄の日記風紀行文『齶田濃刈寝《あきたのかりね》』写本の筆写を乞うてそれを精読するとともに、その価値を認め、諸国叢書の一冊に加えていたことである。

この『齶田濃刈寝』は、内閣文庫には架蔵されていない真澄の日記風紀行文である。内閣文庫架蔵以外の日記風紀行文の存在が明らかになったことによって、柳田は日記風紀行文がまだ他にも各地に存在するかもしれないと考え、収集に力を注ぐことになった。このことが、ほぼ秋田の人びとにしか知られていなかった真澄の日記風紀行文が、著者である菅江真澄の名とともに、全国の多くの人に研究の対象として広く認められる契機になったのだ、というのが本章における著者の主張である。換言すれば、羽柴雄輔を介し柳田によって、菅江真澄と彼の著作物が研究の対象として発見されていったのだということである。

現在、羽柴雄輔については知る人がほとんどなく、多くの真澄研究においても管見のおよぶかぎり、柳田の真澄研究と関わらせて羽柴雄輔に注目した論考は見当たらない。そこで本章では、まだ不明な部分は少なくないが、まずは手許に収集してある資料に基づいて、羽柴雄輔なる人物の素描を試みる。そのあと、柳田国男の菅江真澄「発見」にとって羽柴が重要な役割を果たしていたのだという、著者年来の考えを述べてみたい。菅江真澄の業績を高く評価し真価を世に広く紹介した柳田であるだけに、これは柳田国男研究の一環でもあり、菅江真澄研究の一環をなすものでもある。

一　羽柴雄輔について

羽柴雄輔は嘉永四年(一八五一)六月二十二日に、医師羽柴養倫の子として山形県飽海郡松山町(現・酒田市)で生まれ、大正十年(一九二一)十二月五日に東京において、七十歳で没している[10]。

松山は、庄内藩の支藩である松嶺藩の地である。羽柴は若年の頃、藩士の阿倍灌策や海保弁之助らに漢学を学び、のち松嶺藩の藩校里仁館の教師(章句師という助手のような立場)に選抜され、江戸に遊学したこともあった。この江戸滞在中の慶応三年(一八六七)に薩摩藩邸焼打ち事件が起き、庄内藩の一員として焼打ち事件に加わった仲間からの見聞を、「薩摩屋敷討入の話」としてまとめている。なかなか筆まめな人だった。そのあとすぐ起きた戊辰戦争には、羽柴自身も庄内藩の一員に加わって参戦しており、のちにそのとき庄内藩のとった行動の正当性を主張し、庄内藩に対して朝敵の汚名を着せた西軍を批判した論評も残しているのである。

明治維新後はさらに、自然科学者としても知られるようになる元藩士の松森胤保[11]について漢学や博物学を学ぶとともに、酒田や鶴岡の伝習学校を終了し、明治七年以降同二十三年にいたるまで、山形県の北西部および西部のいくつ

かの学校(尋常小学校)の教員を歴任している。(12)

この間、明治十四年九月の明治天皇の巡幸にさいして、当地方では、東田川郡清川村の行在所博物館という施設に、当地出土の石器や土器類を展示して御覧に供したことがあり、その業務のため前後一ヵ月ほど、東田川郡役所から博物館掛に任用されて、同館に勤務している。羽柴は早くから出土遺物に関心を抱いていて、展示品の中には羽柴所蔵の品も含まれていたらしく、そのため博物館掛に任用されたのであろう。当時すでに羽柴は、近辺では考古学者として知られる存在だったのである。またこのときの様子を松森胤保に報告した書簡の中で、アメリカ人のE・モースの大森貝塚発掘のことにも触れ、E・モースが、貝塚から出土した人骨などから日本人はかつて食人人種であったのかもしれないと述べたらしいということを取りあげて、モースの説に強く反駁したりしている。この反駁の調子といい、先に述べた戊辰戦争において庄内藩のとった行動への擁護や西軍への批判を読むと、青年時代の羽柴雄輔は相当の熱血漢だったように思われる。

羽柴が赴任した最後の学校は、西田川郡の鼠ヶ関尋常小学校である。明治二十一年三月九日より依願退職する同二十三年八月二十六日まで、二年半ほど訓導として奉職していた。この間の羽柴の動向の一端は、彼の『鼠関日記』(13)によって知ることができる。日記には赴任当初から翌年一月にかけてのことが折々書き継がれているが、内容には公務関係のことはあまり記されてなく、ほとんどが鼠ヶ関村(現・鶴岡市)を中心とした当時の西田川郡一帯の、名所や祭礼見学を兼ねて出歩いた小旅行のこと、目にとまった出土遺物、地域の漁撈習俗、年中行事等の記述で占められている。スケッチも巧みである。何事にも関心を持つ、知識欲旺盛で活動的な人物だったことがわかるのである。そのうちの村社厳島神社の祭礼については、精進潔斎が厳修されていることや神輿の浜下りの様子、神饌の内容や供し方、神官に対して儀礼的悪口のなされる習俗などに注意が払われており、祭礼に対する観察眼の適確さをうかがうことができる。近くの小国村の熊野神社祭礼については、祭礼行列がスケッチとともに詳述されていて、貴重な報告だといえよう。

祭礼の見学記録といい、漁撈習俗や年中行事を書きとどめようとしたことといい、そこには菅江真澄の日記風紀行文の視点に通底するものが認められ、後述するように、後年、羽柴雄輔が『齶田濃刈寝』に心惹かれたわけが理解できる。

また、赴任の年の秋に、早速、選挙によって西田川郡西部の教員会会長に選ばれている。活動的な性格であり三十歳半ばという働き盛りであったことによるのであろうが、それに加え、正規の小学校教員である訓導という資格も、大きくものをいったのではないであろうか。『鼠関日記』には尋常小学校教員が多く登場しているが、訓導であるのは羽柴一人であった。あとはいわば代用教員ばかりであり、羽柴は尋常小学校の教員としてはエリートだったのである。

当然、会長に選ばれるだけの温かな人柄でもあったのだろう。彼が鼠ヶ関尋常小学校へ赴任するさいには家族を伴っていったが、幼い息子雄一のその途次の様子を、「此日雄一笠取山半過及米子村ヨリ温海村ノ南弐丁斗リノ所迄又鼠ヶ関村疱瘡神ノ所ヨリ奥屋入ヘノ橋マテ都合一里余歩行セリ」として記し、まだヨチヨチ歩きを脱したぐらいの雄一が、たどたどしいながらも懸命に歩く姿をわざわざ書き留める子煩悩ぶりをみせている。最初に落ち着いた宿舎の曹源寺から一ヵ月ばかりで他へ転宅したさいも、転宅の理由の第一に、「寺中椽高ク且門前ノ石楷高クシテ雄一遊戯ノ際怪我セサルヲ保ス難《（ママ）》シ」と述べ、幼な児を気づかっている点などに、彼の人柄を偲ぶことができる。さらには後述するように、奥羽人類学会創立にみせたリーダーとしての資質も備えていたと思われる。

話は少し前後するが、鼠ヶ関尋常小学校に赴任する以前の明治十九年三月に、羽柴は、結成されて間もない東京人類学会に入会している。そして同学会の機関誌『東京人類学会雑誌』(『東京人類学報告』)には第一巻六号から論文・報告を発表し、同誌その他において、生涯にわたり五十編ほどの論文・報告類をまとめている。羽柴のこの方面の研究については次節で触れるが、発表の内容は現在でいう考古学・民俗学関係のものがほとんどで、松森胤保に博物学を教わったことが大きく影響しているものと思われる。『鼠関日記』において、五月の或る日曜日に同僚や生徒と連れだって堀ノ内村方面を歩いたさいに見た鮭鱒漁に用いる小屋を、「曾テ余カ竪穴ノ遺風ナルベシト説ヲ立テ人類学会ニ投書セルモノト同様ナリ」と述べているが、ここで触れている投書とは、以前に『東京人類学会雑誌』通巻二十五号(明治二十一年三月発行)に寄せた「竪穴ノ遺風今尚荘内地方ニ存セリ」を指しているのであろう。伝承資料と出土資料とを取りあげて比較を試みた内容である。

このように羽柴は、出土遺物や伝承文化に関心を抱いて、公務のかたわら山形県内を歩きまわっていたわけであるが、『鼠関日記』によると、鼠ヶ関尋常小学校に勤める前年すなわち明治二十年には、岐阜県の飛騨山中を旅したことが記されており、県外に出向くことも少なくなかったようである。明治二十二年五月から六月にかけて約半月間、東京人類学会会長の神田孝平に随行するようにして、東海東山畿内北陸方面を巡見に歩いたこともあった。この巡見のときだったかどうかは明らかでないが、この頃には奈良旅行もして法隆寺の仏像など多くの文化財を見ており、ものによってはそれらの拓本もとっている。愛知県の知多半島へも行き、醤油屋に所蔵されていた多くの発掘品の写生をしたこともあったようである。とにかく、熱心で意欲的な人だった。

鼠ヶ関尋常小学校は、明治二十三年八月をもって依願退職してしまった。退職理由は不明であるが、退職後は教職からまったく身を退き、明治三十年代後半までの十五年ほどのあいだ、すなわち羽柴雄輔にとって三十歳代後半から五十歳前半までの壮年の期間、園芸や養鶏の仕事に従事したようである。これで生計をたてようとしたのであろう。

著者の手許に羽柴が関わった園芸や養鶏関係の資料が揃っているわけではないが、少ないながらも確実にいえることは、明治二十五年十一月に、庄内地方の第一回家禽品評会に黒色レグホン雌雄二組を出品して四等に入賞したこと、同二十九年十一月の飽海・東田川・西田川三郡の農産物品評会に苹菓（林檎のこと）を出品して、二等賞に輝いていることである。農家の生まれでもなく、それまで農業に従事した形跡もみられない羽柴にとって、養鶏や果樹栽培が、水田稲作農業などにくらべて新しいこれからの農業だと考えたのであろうか、精力的に取り組もうとしていた様子がうかがえるのである。次節で述べるように羽柴は、秋田の真崎勇助と親交があり、盛んに書翰を往復させている。その中の一つ、明治二十六年九月五日付の真崎から羽柴に宛てた書翰に、「日本家禽協会御入会ニ而養鶏へ御取りかかり候よし中々御熱心之事に御座候」と記されていることから、日本家禽協会という全国的団体にも加入して、一時この方面の事業に専念しようと考えていたことがわかる。

同時にこの十五年ほどの間は、研究の面においては最も充実旺盛の時期であり、『東京人類学会雑誌』を中心に論文・報告を発表しつづけた。残されている手紙類から判断するに、中央・地方を問わず多くの研究者との交流が深まり、その上、奥羽人類学会まで組織し、その中心的存在として活躍したのであった。また、古書の収集と筆写にも力を注いでいたのである。

園芸や養鶏の規模がどれくらいだったのか、熱心に取り組んでいたとはいえ、はたしてその事業に充分な成功をおさめることができたのか、あるいは結局は武士の商法でしかなかったのか、そのへんの事情は不明であるが、十五年近く園芸に従事したあと、農業から離れてしまったのである。

その後、明治三十六年十月以降三年ほど鶴岡の普通学会というところに講師として勤めたあと、郷里をあとにして東京へ出たのである。何か期するものがあったのであろうが、上京の詳しい理由はわからない(14)。

上京後の羽柴は明治三十九年十一月二十二日より、東京大学の史料編纂所に史料編纂掛写字生として勤務することになる。青年時代から郷里において出土遺物の収集家であり研究者としても知られる一方、郷土史・誌類をはじめとする古書の収集やその筆写保存にも熱心であったのだから、写字生という職は、初老にさしかかろうとしていた羽柴にとって、趣味と実益を兼ねる適職だと考えたのであろう。七年の間写字生として勤めたあと、大正二年十月に依願退職しているが[15]、その間に多くの東京人士と交わったのである。そしてその中に、実は柳田国男が含まれていたのである。

二　羽柴と真崎勇助との交友

松森胤保に博物学を学んだからであろうか、羽柴雄輔は青年時代から出土遺物などに関心を持っていた。その一端については前節で述べたとおりであるが、研究心が旺盛で、中央学界の坪井正五郎や神田孝平・鳥居龍蔵らとも交流を持ち、ついには明治二十三年に奥羽人類学会まで創立させたのである。出土遺物のみならず絵画や墨跡にも関心を寄せ、古書の収集にも熱心だった。古書は購入することも多かったであろうが、所蔵者から借用して筆写し保存するよう心がけていたようである。

教職を退いて園芸や養鶏に生活の糧を求めはじめた羽柴は、忙しくもあったであろうが、時間の融通がきくようになったためか、関心を抱くいろいろなことに磨きをかけていった。本節ではそのへんの事情を、真崎勇助からの羽柴宛書翰（以下来信とする）の分析をとおして垣間見ることにしたい。

羽柴が自分自身について語った記録は、管見のかぎり先の『鼠関日記』以外には見当たらない。しかし羽柴は生来几帳面な性格でもあったようで、古書の収集に熱意を示したような熱心さで、書翰を往復させた相手からの来信を大切に保管していた。それも単に保管するだけではなく、書翰を『か里のおとつれ』上・下というように書冊形式に綴じたり、人別に分けて糊付けし巻物形式にして保管していたのである。散逸を防ぐためでもあったのだろうし、また、いつでも取り出して研究の参考にしたり、朋友に思いを馳せるための作業でもあったのかと思われる。実に小まめでゆきとどいた配慮であった。羽柴が記したものでないとはいえ、届いた来信類の文面から、相手が彼に期待していた思いや羽柴が相手に求めていた事柄を推測することは充分に可能で、これらの来信は羽柴雄輔を知る好資料なのである。

山形県鶴岡市郷土資料館所蔵の「国分文書」[16]の中には、このようにしてかつて羽柴雄輔が所持していた来信が、羽柴関係一括資料の形で多数含まれており、その中には、真崎勇助から届いた来信（以下特にこれを真崎来信とする）が四十通ほどある。羽柴と真崎との交友がいつ始まったのかはわからないが、真崎来信は、明治二十二年十一月三十日付から同三十二年六月八日付までのもの（年不詳のものもあるが）が、年月順に並べられ、糊付けされて長い巻物のようにしてまとめられているのである。

真崎勇助とは、天保十二年（一八四一）に生まれ大正六年（一九一七）に没した、かつての秋田藩士である。羽柴より十歳ほど年長者であった。秋田市在住の郷土史家として知られ、早くから菅江真澄の業績に注目していた人である。真澄は旅においてまとめた日記風紀行文をしばしば世話になった家に贈呈したために、日記風紀行文は巡歴各地に保存されていることが多いが、真崎はそれら真澄の著作の発見収集に功績のあった人である。

二人の交友の契機は未詳であるが、真崎も東京人類学会に入っていたために、最初は『東京人類学会雑誌』誌上で知り合ったのであろう。そして、同じ出羽国の郷土史家であり出土遺物に関心を持つ者同士として、交流が深まっていったのではないかと思われる。「国分文書」の羽柴関係の資料の中には、真崎が送ったであろう顎鬚をたくわえた真崎勇助の写真がある。ということは羽柴も送っていたはずで、写真の交換をするくらいだから二人の交わりは心許す深いものだったかと思われるのである。

真崎来信の内容は、時候の挨拶や互いの健康を喜び気づかうという決まり文句のあと、本題に入り、最後は「余ハ後音可申上候也」というような形で締めくくられているものが多い。その後に年月日や発信者名（すなわち真崎勇助の名）、宛名（すなわち羽柴雄輔の名）が記されている。年月日については、真崎が月日のみしか記さなかった場合でも、羽柴はそこに年を補って保管するという念の入れようであった。すべて和紙に毛筆で記されたものであるが、急いでしたためたこともあるらしい私信ゆえに、乱れた筆致の書翰も含まれていて、どうにも判読しがたい箇所もいくらかある。

さて、約九ヵ年にわたる四十通ほどの真崎来信に盛られている話題を、筆者なりに類別すると左のようになる。

(1)出土遺物関係　(2)古銭など　(3)絵画・墨跡など　(4)古書関係　(5)民俗関係
(6)奥羽人類学会関係　(7)身辺報告

羽柴の関心のありようが具体的にわかるので、以下、これらについて敷衍していきたい。

(1)出土遺物関係

出土遺物そのものを贈与しあうなど、出土遺物の情報交換についての話題が最も多いように思われる。出土した現品のほか写生図も見せあっている。例えば、

・栃木鐙伊氏蔵石図、埼玉真観寺古物出現図者、所蔵仕不申候、云々(明23・9・15。これは明治二十三年九月十五日付の来信であることを示す。以下、括弧内同じ。なお、以下読点は著者)
・御地之石鏃拾個御恵投被成下、云々(明23・11・21)
・当地方に而祝部土器出る由なれ共、いまだ完全なるもの者見候事も無之候ハハ、九州よりお取寄土器重複等に付、御恵与被下候旨、云々(明25・4・20)

というような調子で真崎が返書をしたためていることから、羽柴が積極的に所蔵品の一部を送っていたことがわかるのであるが、真崎からもこれへの返礼品がしばしば届けられている。羽柴が送った品々には羽前(山形県)の出土品に限らず、全国の物が含まれていたと推測できる。いま詳しく述べることは控えるが、羽柴が保管していた真崎以外の者からの来信によって、羽柴は真崎と交わしたのと同様に、出土遺物について関心を同じくする全国各地の人士と情報交換していたこともわかる。真崎に送った品には、そういうふうにして入手した遺物も多く含まれていたのであろう。

右にあげたもの以外で、真崎来信に登場する羽柴の送った出土遺物品名(写生図だけの物も含む)をアットランダムに記してみると、壺、朝鮮の石剣、石器、祝い瓶土器、石匕、古代の直刀、石斧、土偶、水晶の鏃頭などがある。これらの中には羽柴が当時『東京人類学会雑誌』に発表した論文・報告で取り上げていたものもみられ、送りあった遺物は、東京人類学会会員同士の羽柴と真崎の間ではホットな話題の品だったのであろう。

(2)古銭など

真崎来信には銅銭、鉛銭、琉球古銭、銀判(之摺形)などの情報も実にしばしば登場している。その中には出土した古銭も含まれていたかもしれない。藩札の収集もしていたらしく、何度も話題にのぼっている。紙幣や切手にも関心を持っていたことがわかる。

⑶絵画・墨跡など

明治二十三年十一月二十八日付の来信には、次のように記されている。

過般古画本御無心申上候処御承諾三冊早速御送付被下而正ニ拝受仕候、実に古佳なるものにて誠ニ楽罷在中候、深く奉謝候

真崎の乞いに応じて羽柴が古画本三冊を送ったことへの礼状であるが、右の文につづけて真崎は、手許にある平田篤胤書草稿を一枚送付する旨書き加えている。このように絵や漢詩・和歌・発句をしたためた軸や短冊類の交換、それらについての意見交換などもしていた。真崎は当時、『秋田諸家人名録』というものを編纂中だったらしく、それに関連して秋田における有名人士の遺墨の収集が進んでいることも書き送っているが(明27・2・13来信)、平田篤胤は秋田出身なので、真崎は人名録編纂の過程で篤胤書の草稿を入手していて、その一部を送ったのであろう。

家蔵する珍品の自慢をしあうこともあったようである。羽柴が自分の収集をやや自慢げに語ったらしく、真崎は「古筆帖三帖御仕立ニ相成、一千年前之書より当今人之書迄御蒐集ニ相成候旨、誠ニ御丹精ニ御座候」(明29・1・6)として、感心してみせたりしているのである。この文章につづけて真崎は、中央有名人の来信と同様に、自分(真崎)の呈した書翰までも糊付して保管されているらしいことに触れ(本節で分析している来信がこれらの書翰である)、自分のような者の書翰も丁寧に保管してくれているのは汗顔の至りであるなどと述べ、満更でもない様子なのが何とも可

笑しい。

なお、書翰につけて、岩手県の「はんじゑ暦」（明治二十三年版）を送ったことが文面からわかる。これは保存されていないが、いわゆる南部盲暦のことであろう。

⑷古書関係

書物に関する情報交換や古書所持者の紹介もあっているが、ここで述べるべき重要なことは、このやりとりの中で、羽柴が菅江真澄についての情報を得たことである。明治二十六年の六月であった。明治二十六年六月二日付の真崎来信には、次のように記されている。

先般月の出羽路之儀ニ付御尋被下早速御答申上候処終延引仕候、右著者ハ、歌人にして菅江真澄といふ天明四年初而秋田へ入りたる人と相見得候、三河ノ国ノ人ト申事ニ候

月の出羽路（秋田県仙北郡）弐拾四冊と心得候、又雪の出羽路（仝平鹿郡）拾四冊と覚へ居候、其他数冊あり、いつれも名所旧跡等を書たるものにて、都合八拾五冊、秋田県庁之備ニ御座候、原書は旧藩主所蔵ニ有之、是者真蹟ニ而本県之分ハ右を写たるものに候、俗ニ真澄遊覧記と唱居候、即チ此本之惣称ニ御座候、別紙写□上候、御覧被下度候

羽柴は自らの古書収集の過程で、真澄の『月の出羽路』と『雪の出羽路』という二地誌の存在を知って、真崎に照会したものと思われ、右はそれへの返書である。ここで真崎は、菅江真澄とその著書群のあらましを紹介するとともに、別紙として所蔵本の一部を筆写して送ったのである。その別紙と思われるものが来信に付して保存されており、

その内容は『齶田濃刈寝《あきたのかりね》』(17)という日記風紀行文の表紙の写しと、その最初の三日分(天明四年九月十日・十一日・十二日分)の全文の写しである。その中で真崎は、『齶田濃刈寝』について次のように解説している。

右秋田のかり寝、菅江真澄真蹟ニシテ小生蔵本ニ御座候、美の紙の小冊にして枚数三十五枚斗有之申候、二十五日に者三倚阪に至るとあり、其前ハ御地方之事を認たる日記に御座候、(中略)右本ハ当秋田県之書之外ノものニ御座候、旧藩有之分ニも無之筈ニ御座候

この真崎来信とそれに付された別紙によって、羽柴雄輔は初めて菅江真澄という人物および真澄の著書群の大要を知り、その一冊『齶田濃刈寝』の内容の一部にも触れたのである。『齶田濃刈寝』は旧秋田藩所蔵の真澄の書物群(これらの写しが近代に入って「内閣文庫」に収められた)には含まれていない日記風紀行文で、原本は真崎勇助が所蔵していたのである。このことが後述するように、柳田国男の真澄〝発見〟に繋がっていくのである。『齶田濃刈寝』の冒頭は、三年前まで尋常小学校訓導として赴任していた鼠ヶ関の描写から始まっているので、羽柴はことさら懐しさをおぼえるとともに、この異郷人菅江真澄に興味を持ち、その存在をしっかり脳裡に刻みこんだことと思われる。

そして羽柴は、当然、『齶田濃刈寝』全文の筆写を願った。真崎も羽柴の願いを受け入れて筆写について協力を約束したのであったが、どういう事情からか実現しなかったようである。その後、羽柴が『齶田濃刈寝』を借りて自ら筆写するのは明治四十五年であるが、これについては後述したい。

真崎がこの時期、『秋田諸家人名録』編纂のために、秋田県内有力者の遺墨類収集に奔走していたことについては

先に触れたが、その中には菅江真澄関係の資料も多く含まれていたことであろう。真崎は明治三十一年に『菅江真澄翁履歴』『菅江真澄翁和歌』『菅江真澄翁著書目録』を纏めているので[18]、羽柴が『月の出羽路』などについて真崎に照会した明治二十六年頃は、幸いにもちょうど真崎が真澄研究に没頭していたと思われる時期だったのである。

このようにして羽柴は菅江真澄の存在を知ったのであり、羽柴と真崎二人の交流は、菅江真澄研究にとって実に大きな意味を持っていたのだということができる。

(5)民俗関係

羽柴は『鼠関日記』にも地域の伝承文化を記録しているし、『東京人類学会雑誌』にも婚姻習俗や年中行事など十余にわたる民俗関係の報告を発表していて、伝承生活にも並々ならぬ関心を抱いていた。晩年、柳田国男と知りあってからは、柳田が編集していた雑誌『郷土研究』にも、庄内の地蔵に関する興味深い伝承や、東北地方の河川筋地域に顕著な鮭のオースケコースケ伝承についての報告を寄稿している[19]。

真崎への書翰においても、しばしば地域の伝承文化について話題にすることがあったようである。真崎もこのような羽柴の質問に答えるかたちで、あるいは羽柴に触発されるようにして、いくつかの秋田周辺の伝承を書き送っている。その内容は、例えば明治二十四年十月十四日付の真崎来信では、「子供が蛍を捕らえるときの歌」「子供が雁行を見て囃したてるときの歌」「唾による占い」「鬼ごっこの際の鬼のきめかた」というようなものであった。この来信には、当地(秋田)には蘇民将来というようなことはない旨も書き加えられているので、羽柴はそのような質問もしていたのであろう。

さらに翌二十五年の真崎来信数通には、数回にわたってカテ飯に用いるカテの食材が比較的詳しく説明されているし、各種の俗信についても記されている。これらも羽柴の問いに答えたものであったなら、羽柴は食生活や俗信にも広く関心を持っていたということになる。他に「女児の間ニ行るる手毬歌ハ追而可申上候」(明25・4・15)ともあるので、羽柴が手毬歌についても話題にしようとしていたことがわかる。

このように真崎来信の内容から、両者の間では伝承文化のさまざまな側面も話題になっていたことがうかがえ、羽柴の関心の広さがわかるのである。

(6)奥羽人類学会関係

羽柴が庄内の地において奥羽人類学会を創設したことは先にも少し触れたが、それは尋常小学校教員を退いてすぐの、明治二十三年十一月のことであった[20]。

会長にはかつて博物学を教わった松森胤保を迎え、運営事務全般は羽柴雄輔が執った。「国分文書」中の羽柴関係一括資料の中には、奥羽人類学会について言及した坪井正五郎や神田孝平、鳥居龍蔵、白井光太郎、若林勝邦など、『東京人類学会雑誌』の主たる寄稿者であり当時の東京人類学会の中心メンバーだったと思われる人びとからの来信も含まれており、奥羽人類学会は中央の学会と連携を保ちつつ、東北地方に人類学を普及させようとして創立されたことがわかる。奥羽人類学会創立の経緯は、明治時代の、地方における新たな学問の勃興ないし潮流を考えるにあたって興味深い分析対象になるかと思うが、本章の目的からははずれるので、同学会について、ここでは羽柴と真崎との関わりに限定して述べるにとどめたい。

羽柴は真崎に奥羽人類学会への入会を誘い、会則を送っている。真崎にとってもかねがね関心を持っていた研究分野なので、すぐに入会を承諾している(羽柴としては真崎に名誉会員として入ってもらいたかったようであるが、真崎はそれは遠慮している)。そして真崎は、自らが入会したのみならず、来信の中で自分の周辺にいる関心を持ちそうな人びとを次々に紹介し、羽柴の活動を支援したのであった[21]。

(7)身辺報告

健康を害したことへの、相互の労わりの文言もしばしばみられる。そういう事柄もちょっと書き記す関係だったのであろう。すでに触れたように、羽柴は日本家禽協会へ入会したことも知らせていたようで、その返信として、秋田でも養鶏が大流行している旨もなされているのである。

明治二十七年八月二十六日朝から秋田市を襲った洪水によって真崎宅が床上浸水し、はなはだ困った旨も書き送っているし(明27・9・2)、旧藩主が(東京から)来県しその世話で多忙を極めたために、奥羽人類学学会への投稿が間にあわなかったとの言い訳などもなされているのである。

いろいろな情報を交換していた二人ではあったが、羽柴が仕事として取り組んでいた園芸に関する話題はごく少数である。家族の動静についても、ほとんど触れることがない。私信の往来とはいっても、内容の大部分はこれまでみてきたような、両者ともに関心を持つ研究や趣味の分野だった。羽柴と真崎のこのような交友関係は、明治中期の地方在野知識人の動向を考えようとするとき、きわめて興味深い事例だといえよう。

以上、真崎勇助の羽柴雄輔宛書翰の分析をすることによって、羽柴雄輔の関心のありようを照射してみた。これに関する羽柴から真崎宛の書翰も現存していれば、羽柴雄輔研究上(ひいては菅江真澄や明治期の地方人類学会の研究上)またとない資料となるのであるが、秋田県の大館市立図書館に所蔵されている真崎勇助宛の多くの書翰類には、筆者の知るかぎり、残念ながら羽柴からの書翰は含まれていないようである。

三　柳田国男と羽柴雄輔

羽柴雄輔は、明治三十九年十一月二十二日付で東京大学史料編纂所に写字生として採用され、退職後は晩年まで慶応大学図書館に勤務した。五十歳代半ばから七十歳までのこの十五年間、当然勤務には精励したであろうが、同時に、残されている来信類から判断して、東京人類学会の会員をはじめとして多くの人と交流をもったことがわかる。その中で本章に直接かかわるのは、山中共古と柳田国男である。

山中共古は山中笑ともいい、嘉永三年（一八五〇）に生まれ、昭和三年（一九二八）に没している。羽柴より一歳年長で、同じ時代を生きた人だといえる。明治維新までは御家人として江戸城に勤め、維新後は牧師となった。随筆家としても知られ、蔵書家でもあった。出土遺物や地域の伝承生活にも関心を抱いており、柳田国男の『石神問答』の主要な問答相手であった。「国分文書」中の羽柴雄輔関係の一括資料によって、羽柴と山中は、羽柴がまだ庄内地方にいた明治二十年代半ばから書翰を交わしていたことがわかり、上京以前から交流があったのである。早くから、『東京人類学会雑誌』への寄稿者同士として通じるものがあったからであろう。

上京後の明治三十九年十一月二十九日から大正元年九月二十四日までの三十九通の羽柴宛の山中の書翰（以下山中来信とする）が、羽柴によって冊子形式に綴じられ、『雅友手翰　山中笑氏』と題されて現在にまで保管されている。[22] 自らの書翰がこのような形で保管されることは山中の願いでもあったが、[23] 二人のあいだのさまざま話題には、当時の旧派知識人のディレッタンティズムが遺憾なく発揮されていて、読んでいて興味津々たるものがある。

柳田国男が羽柴に初めて会ったのは、その山中共古に紹介されたことによる。柳田の方から接近を求めて山中に仲介を依頼したのであるが、その事実は、左のような明治四十三年五月二十六日付の山中来信によって明らかである。この年の五月二十六日というと、柳田が『石神問答』を上梓した直後であり、おそらく『遠野物語』の校正を了えて刊行を待つばかりの時でもあった。

此程、法学士柳田国男氏久振にて参られ、（中略）同氏ハ御承知之事とは存知候が、（中略）官吏には珍敷御方ニ御座候、同氏奥羽風俗ニ関シ貴君ニ拝眉致し度被申居候間、御招介《ママ》仕置候[24]

間もなく二人が相見えたとすれば、柳田が羽柴に初めてあったのは明治四十三年六月頃ということになる。柳田が羽柴に接近しようとした理由はいくつか考えられる。一つは『東京人類学会雑誌』に発表した羽柴の諸論考を読んでいて（柳田・羽柴共に東京人類学会の会員だった）、地域の伝承文化に関心を持つ同学の人だと認めていたこと。このことは右の山中来信に、「奥羽風俗に関し貴君に拝眉致度被申居候」とあることにも表われている。二つ目は蔵書家だということであり、三つ目は史料編纂所の写字生という経歴である。

羽柴が蔵書家であることは、同じく蔵書家で、その蔵書を柳田が何冊も借覧していた山中共古から充分に聞きおよんでいたことと思われる。後年、柳田は羽柴の蔵書家ぶりを次のように述懐しているのである。

十余年前まで存命であつた羽柴雄輔翁は、ちやうど土佐の吉村氏に匹敵すべき精力家で、自身謄写した故郷の著述類で、その東京の住宅は身うごきも出来ぬ位であった。[25]

奥羽風俗の件のみならず、柳田はなぜ羽柴の蔵書家であり写字生であるという二点に着目したのであろうか。それを述べるには、まず、柳田が当時企画していた「諸国叢書」の編纂について述べておく必要がある。「諸国叢書」については第六章で詳述する予定なので、ここでは概述だけしておこう。

柳田国男が少年時代から読書家であったことはよく知られているが、明治三十年代後半、職務として内閣文庫に関係するようになってからは、すでに関心を持ちはじめていた地域の生活を多く含んだ古書を選択して世に紹介し、かつ保存しようという問題意識も持つようになった。そして、明治四十一年に宮崎県椎葉村を訪れて伝承というものに強く惹きつけられてからは、地域の伝承文化が豊かに記述されている諸書を「諸国叢書」として個人で編纂しようと決意し、実行に移したのであった。大正四年、「古書保存と郷土」と題する一文の中で、古書保存会の人びとに向けて保存すべき有用な書物に関する自説を開陳したあと、次のように述べている。

何とぞ今まで所在の知れぬ古書の所在目録、殊には一つしか無い稿本の行く〳〵亡び去らんとする者を取留める方に掛つて貰ひ申したい。複本の作製も勿論急務である。刊行会の手に合はぬ一地方の著書などは、筆工を以て版工に代へねばならぬかも知れぬ。自筆本で無ければ大切で無いと云ふやうな骨董癖は断念すべきものであらう。併し複製の事業は中々急に普及しさうも無い。是は会員中の篤志家にも分担せしめられて宜しからう。自分なども先年来『諸国叢書』と云ふものを始めて居る。即ち地方無名氏の遺著の稿本で伝写の少なさうものを一部づつ写して行く仕事である。もう早三四十部は出来た。(26)

「諸国叢書」編纂の意図は、稿本のまま、あるいは写本の少ないまま世から消えてしまう怖れのあるしかるべき書物を、筆写し保存しておこうという点にある。そして、大正四年の段階ですでに三十～四十部の筆写が完了していると述べている。この企画はその後も充実させていき、現在、成城大学民俗学研究所の「柳田文庫」には、柳田の筆になる「諸国叢書　〇〇」（〇〇の箇所には各冊の題がしたためられている）という題簽を持つ和綴本が、百十三冊架蔵されているのである。

右のような「諸国叢書」の企画を胸に秘めていた柳田にとって、地域の伝承文化に充分関心を持って『東京人類学会雑誌』などに報告を投稿している上に、蔵書家でありかつ史料編纂所の写字生でもある羽柴雄輔は、またとないパートナーとして映じたことであろう。

「国分文書」中に含まれる柳田・羽柴の関係を示す資料としては、明治四十五年七月二十一日付で柳田が羽柴に書き送った書翰がある。現在残されているのは、その書翰を国分剛二がペン書きとして写し取ったものであるが、それを読むと、当時の柳田の抱負と羽柴に対する期待の大きさがよくわかる。少々乱暴なペン書きであるため読みづらい箇所があり、しかも分量が多いので、次に言わんとする大意のみ述べてみよう。

　庄内地方の祠官の子である辻与四郎という国学院の学生から、庄内の安倍氏の「筆の餘」十余巻のことを知ったが、その巻末にある「郡中雑記」をぜひみてみたい。あなたがご所持なら借覧したい。内閣文庫内の江戸人の随筆などは内容に孫引きが多く、つまらぬものまで保管されている。一方、地方の学者の著は子孫の心掛けが充分でなければ散逸してしまう怖れがあり、何とかよい随筆・地誌類を筆写して保存したいと思っている。奥羽地方は民俗に面白いものがあるので、「郡中雑記」も一読の上、筆写して残しておきたい。

明治四十五年七月というと、すでに述べたように初対面が明治四十三年六月頃であったとすると、初対面からもう二年余経っている。確認はできないながら、すでに書物について種々話し合っていたであろうし、幾つかについては筆写も依頼していて、意思の疎通もできていたことであろう。右の申し出に対し、羽柴はすぐに詳しい返書とともに『郡中雑記』を送ったようであるが、その返書を読んだ柳田は、これも直ちに七月二十三日付書翰にて大要次のように書き送っている。

あなたの精力には敬嘆のほかはない。「郡中雑記」のあとにはあなたご所持の古書目録を拝見したい。よい書物があったならぜひ筆写してもらいたい。また、私のところには新たに筆写を依頼した書物がだいぶ揃ったが、これからは「諸国叢書」とでも名づけ、同型の本にしてたくさん収集するようにしたい。他の地方の書物でも、適当なものをお持ちだったらお願いしたい。「大泉百話」（引用者註：「大泉百談」か）など懐しい。

要するに、庄内地方の古書類を中心に未見の古書類について教えを乞いつつ、そのうちの羽柴の所蔵する書籍についてはつぎつぎに筆写をも依頼しようとしているのである。残されている二人の間の書翰類に菅江真澄の名を見つけることはできないが、書翰を通してであるか直接の面談の場においてであったかはとにかくとして、このような二人のやりとりの中で菅江真澄の名が出たことは想像に難くないのである。

羽柴は柳田の要請に見事応えて、大正元年から同三年までの足かけ三年間に、少なくとも十三点の古書を誠実に筆写して柳田に届けている。「諸国叢書」全体に収められている筆写本には、内閣文庫所蔵本を原本としていろいろな人に筆写依頼したものが多いのであるが、そのうち羽柴が筆写した資料の原本は、山中共古や三村竹清の所蔵本数点を除けば、もっぱら羽柴自身の家蔵本を原本にしたものである。そして羽柴は、それらに逐一次のような奥書を残しているのである。

右玄察物語一巻、為柳田先生嘱以家蔵本謄写焉、家蔵本者以肥後国阿蘇郡北小国村北里栄喜氏蔵本所謄写也
大正二年二月三日　　古香羽柴雄輔久明（花押）
同年同月八日校了

ちなみにこの『玄察物語』は、戦国期の阿蘇大宮司の家臣である甲斐宗蓮がまとめた軍記物語というべき書物で、内閣文庫や帝国図書館には所蔵されていなかったようである。羽柴がかつて筆写して家蔵していたこの書物の存在と価値を柳田に知らせた結果、筆写を依頼されて届けたのであろう。柳田は読んで興味をもったものと思われ、「諸国叢書」中の『玄察物語』には柳田のコメントが付されていて、丁寧に読了したことがわかる。

このように羽柴は柳田の期待に応え、単なる筆写者にとどまることなく、柳田の地方史・誌類や江戸期の随筆についての知識に刺激を与え、時には蒙をも啓いてくれる「諸国叢書」の重要な協力者だったのである。

四　真澄の『齶田濃刈寝』を知る

話を菅江真澄に戻して、本章を閉じたい。

柳田国男に「真澄遊覧記」の存在を教えたのは、山方香峰であった。それについて柳田は次のように述べている。

> 私は明治の末頃に、始めて故人山方香峰君から真澄遊覧記のことを聞きました。山方香峰の談話で今でも耳に留まって居るのは、遊覧記は正本が明徳館に保存せられて居る外に、更に其下書きかと思ふ自筆本が、一冊づゝ、諸方の旧家に伝はつて居るといふことであります。今考へると是は下書きでは無かつたのであります。(27)

山方香峰は本名を山方石之助といい、明治元年に生まれている。郷里の秋田でジャーナリスト等として活躍したあと、明治三十七年に上京し、明治四十三年秋田育英館舎監となり、同時にジャーナリズム界で仕事をつづけた人である。

二人の交友について著者は詳らかにしないが、秋田市では明治四十二年に菅江真澄の八十年祭が催され、小さな真澄ブームが起きていたので、あるとき山方がそのような郷里の話題を出したのかもしれない。右に述べられている「明治の末年頃」が正確にいつなのか不明だが、柳田は明治四十二年に『後狩詞記』、四十三年に『遠野物語』などを著すとともに、その前後数年間、東北・北海道や九州、中部・北陸各地を精力的に出張旅行していた。さらに明治四十三年には、内閣記録課長として内閣文庫に直接かかわるとともに、郷土会創立に参画するなどしていたので、郷里の話題を持ち出すのには、柳田は格好の相手だったかと思われる。あるいは逆に、山方が秋田の出身だと知った柳田の方から、郷里の話題へと水を向けたのかもしれない。

「真澄遊覧記」の存在を知った柳田は、ただちに内閣文庫において読み始めたことであろう。真澄の地誌や日記風紀行文の価値を認めた柳田は、大正二年三月に創刊した雑誌『郷土研究』の第一巻三号に寄せた「託宣と祭(巫女考の三)」のなかに、早速「真澄遊覧記」から東北地方の庭田植えの事例を引用しているし、第一巻五号の「オシラ神(巫女考の五)」では、地誌『月の出羽路』から秋田県仙北地方の、巫女が口寄せに用いる採り物その他についても紹介したのであった。

さて、「諸国叢書」には、『齶田濃刈寝』をはじめ『筆のまにまに』上・中・下、『真澄随筆』、『真澄遊覧記』、『真澄遊覧記逸』、『真澄遊覧記続』一・二など、十冊近くの菅江真澄関係の資料が含まれている。これら各冊には、内閣文庫所蔵の真澄の日記風紀行文の筆写本がいくつも収録されているのであるが（書体からみてこれらの筆写者は羽柴ではない）、その中で唯一『齶田濃刈寝』だけが羽柴の手になるものであり、かつ内閣文庫には架蔵されていない真澄の日記風紀行文なのである。『齶田濃刈寝』の奥書として羽柴は、次のように記している。

右菅江真澄管《ママ》齶田苅寝一冊、以秋田市東根小屋町真崎勇助君珎蔵菅江氏自筆本臨写校了

明治四十五年一月廿七日　古香羽柴雄輔（花押）

右為柳田先生嘱　大正二年四月八日謄写了、同月十二日校了　古香久明（花押）

すなわち、羽柴が旧知の真崎勇助の所蔵する真澄自筆本『齶田濃刈寝』を借りて明治四十五年一月に筆写し家蔵していたものを、翌年、柳田の依頼によってさらに筆写したというのである。(28)この『齶田濃刈寝』は内閣文庫には架蔵されていない書物なので、柳田は羽柴から届けられた筆写本によって、初めてその内容を知った真澄の日記風紀行文だったのである。そして一読後、柳田はこれに次のようなコメントを記したのである。

真澄遊覧記三十余巻、内閣文庫ニ之ヲ蔵ス、完本ニ非サルナリ、大曲図書館ニ一本アリ、其他羽後ニ之ヲ蔵スル家アリトイフモ、未ダ同異ヲ知ラズ、此巻ハ、思フニ夙ク逸シタリシモノ、他ノ諸巻ノ如ク精細ナル挿画ナシト

イフハ注意スヘキコトナリ、菅江真澄ハ三河宝飫郡ノ人、文政十二年羽後ノ客中ニ没ス、秋田ノ寺内村香炉木橋ノ上ナル村ノ墓山ニ其墓アリ、齢七十六又ハ七十ナリキト云ヘハ、其郷里ヲ出テタル天明三年ハ三十前後ナリ、爾来五十年ニ近キ間、常ニ故郷ヲ懐ヒツ、終ニ帰ルコト能ハサリシハ、思フニ深キ仔細アリシコトナルヘシ、此日記ハ蚶瀉最後ノ記事ナラン、恰モ紅楓ノ盛ニシテ淋シキ雨ニ逢ヒ、矢島西馬音内ノ山越ニ雪ニアフナト、之ヲ尋常風流ノ徒ノ紀行トスルモ、情趣ノ極メテ掬スヘキモノアリ、況ヤ天涯ノ孤客多恨ノ才子カ長キ旅ノ記念ナリ（引用者註：あとで「記念ヲヤ」と訂正）、汐越既ニ荒レテ鳥海ノ雪ハ千古ナリ、人海ノ風浪鴎縁覓メ難シ、斯生誠ニ悠ナリ回向セサルヘケンヤ

柳田国男誌

大正二年五月二十二日

ここには、柳田の大正二年段階における真澄についての知識および真澄観が表われていて興味深いが、それはそれとして柳田は、羽柴が筆写して届けた『齶田濃刈寝』によって、初めて、かねてより読んでいた内閣文庫架蔵のものとは異なる真澄の日記風紀行文が、現地（秋田県）に現存していることを確認したのであった。

内閣文庫所蔵の「真澄遊覧記」の第一冊目（目次）の奥書には、（地誌課の）中邨元起によって、同文庫に所蔵する本以外にも同種の書物が存在するのではないかと記されている。そのため柳田も右のコメントにおいて、内閣文庫には三十余巻所蔵されていても「真澄遊覧記」はこれらがすべてではないと述べているのであろうが、羽柴との交流によって、初めて内閣文庫所蔵本以外の真澄の書物が、現地に現に存在する事実が明確になったのである。コメントに「大曲図書館ニ一本アリ其他羽後に之を蔵スル家アリトイフ」と記しているのも、おそらく羽柴から得た情報なのであろう（もともとは真崎勇助が羽柴に教えたことではあろうが）。柳田が記す真澄の生地や生没年、墓地についての知識

も同様に、この段階ではまだ羽柴から得たものではなかったかと思われるのである。

柳田が、真澄の著作は内閣文庫所蔵のものがすべてではなく、現地には他にもいくつかが現存していることを確信した意味は大きい。山方香峰から「真澄遊覧記」の存在を教えられ、すでに内閣文庫において読み進めていたではあろうが、羽柴雄輔との交流において初めて柳田は、日記風紀行文作者としての菅江真澄の真の姿がわかったのであり、ここにおいて、のちのち柳田を通して秋田以外の多くの人が菅江真澄を知る道が拓けたのだと考えるのである。菅江真澄が、秋田県から日本の人文学界に躍り出たときでもあったのである。

柳田は、現地での渉猟次第では、埋没しているであろうさらに多くの日記風紀行文の存在が確認できると、期待に胸をふくらませたはずである。そして、書き残された内容の豊かさとともに、各地に作品を残していった真澄の人となりにいっそうの興味を持つようになったことは想像に難くないのである。かくして内閣文庫所蔵本を読むことによって菅江真澄の著作内容を評価していた柳田は、現地に残っているであろう、それまで読んでいた以外の真澄の全体像究明に取り組もうと思い、徐々に実行に移していったのである。

その後の柳田の、秋田県や長野県に残されている真澄の日記風紀行文の研究については、すでに周知のことなので、本章はここまでとしたい。

おわりに

菅江真澄は秋田県では早くから知られていたが、その存在を全国に知らせ、著作類の価値を評価してみせたのは柳田国男である。その柳田に真澄「発見」の契機を与えたのは、羽後(秋田県)の真崎勇助から菅江真澄の存在を教えられた羽前(山形県)の人、羽柴雄輔であり、羽柴が筆写して届けた『齶田濃刈寝』であろうというのが、本章において著者の述べたかったことである。

従来、菅江真澄研究上でも柳田国男研究上でもまったくといってよいほど知られてこなかった羽柴雄輔ではあるが、現在注目される菅江真澄や柳田国男の陰で、羽柴雄輔の存在は無視できないものがあるのである。

註

(1) 内田武志・宮本常一編『菅江真澄全集』全十二巻・別巻一(未来社、昭和四十六~五十六年)。

(2) 『菅江真澄研究』は昭和五十六年十二月に創刊され、平成二十九年五月現在、八十八号まで刊行され、県立博物館菅江真澄資料センターの紀要『真澄研究』は、平成二十九年現在、二十一号まで刊行されている。

(3) 磯沼重治編『菅江真澄研究の軌跡』(岩田書院、平成十年)。

(4) 内田ハチ編「菅江真澄民俗図絵」上・中・下(岩崎美術社、平成元年)、田口昌樹「菅江真澄」(秋田文化出版社、昭和六十三年)、同『「菅江真澄」読本』一~五(無明舎出版、平成六~十四年)、堺比呂志『菅江真澄とアイヌ』(三一書房、平成九年)、白井永二『菅江真澄の新研究』(おうふう、平成十八年)、菊池勇夫『菅江真澄』(吉川弘文館、平成十九年)など。

(5) 『菅江真澄』(『柳田国男全集』一二)。

(6) 「還らざりし人」(『秋風帖』『柳田国男全集』六)三五~三八頁。

(7) 「霜夜談」(『退読書歴』『柳田国男全集』七)三一八頁。

(8) 前掲註(5)四七一頁。

(9)「諸国叢書」については、田中・吉原・森田・川部「『諸国叢書』目録」、拙稿「『諸国叢書』と柳田国男」(ともに『成城大学民俗学研究所紀要』一七号、平成五年)、および本書第六章参照。

(10)『松山町史』下(山形県松山町、平成元年)五九六～六〇一頁。以下、ところどころで『松山町史』を参考にしている。

(11)松森胤保は文政八年(一八二五)～明治二十五年(一八九二)。明治維新前には長坂欣之助と称し、松嶺藩の家老職にあった人物である。薩摩藩邸焼き討ちのさいには一方の大将をつとめた。羽柴雄輔に大きな影響を与えたことは、後述するように、後年羽柴が奥羽人類学会を創立するにあたり、会長に推戴していることからもわかる。

(12)羽柴雄輔の学歴・職歴等、正確な履歴の調査にあたっては、東京大学名誉教授の橋本政宣氏のお世話になった。

(13)『鼠関日記』(『諸国叢書』第八輯、成城大学民俗学研究所、平成三年)。

(14)上京にあたっては神田孝平が何らかの形で力になったようであるから(国分剛二「下沢保躬と羽柴雄輔の交遊」『思遠会会報』五号)、研究の面で何か期するものがあったのであろうか。

(15)史料編纂所の写字生を退いたあと羽柴は慶応大学図書館に勤め、最晩年にいたるまで仕事をつづけていたようである。

(16)「国分文書」には、鶴岡出身の郷土史家国分剛二旧蔵資料が収められている。この中に羽柴雄輔が保管していた来信が数多く含まれている(平成六年、著者調査)。国分剛二は東京において郷土の先輩である羽柴雄輔と交友があったので、羽柴が生前国分に託しておいたためなのか、国分が羽柴の遺品整理に関わった結果として保管するようになったのか、その理由は明らかでないが、とにかく「国分文書」中に、羽柴が生前大切にしていたいろいろな人からの多数の来信類が含まれているのである。

(17)「あきたのかりね」の表記についてであるが、「諸国叢書」中の題簽には『齶田乃苅寝』と記されており、羽柴が筆写して柳田に与えた本の奥書には『齶田苅寝』となっているが、真崎来信には『齶田濃刈寝』となっている。『菅江真澄全集』にも『齶田濃刈寝』として収録されているので、本章でも引用文以外はそれにしたがって『齶田濃刈寝』として統一する。
(18) 磯沼重治『菅江真澄研究の軌跡』(前掲註(3))三二頁。
(19) 羽柴は羽柴雄輔・羽柴古香の名で『郷土研究』に「荘内山男談」(一巻四号、大正二年)・「オースケコースケ」(四巻六号、大正五年)など、四篇の資料を報告している。
(20) 奥羽人類学会は明治二十三年十一月に発会した。その前月発行の『東京人類学会雑誌』第五五号に「奥羽人類学会規則」が掲載されている。その後毎月一回、現在の鶴岡市で研究会が開かれていた。
(21) 石川理紀之助が入会したか否か筆者は未調査であるが、真崎来信には秋田の篤農家として著名な石川理紀之助の名も登場しているので、石川も入会したのかもしれない。狩野徳蔵の名もしばしば現われている。狩野もあるいは奥羽人類学会との関連で紹介した人物ではないかと思われるが、真崎は羽柴に対して、遺墨古書の所持者として狩野とも交流するように薦めている。狩野徳蔵の兄は『真澄伝』の著があるという狩野良知である。真崎来信からは羽柴と狩野徳蔵との交流事実は確かめえないが、真崎の薦めにしたがってもし交流を持ったとすれば、羽柴は狩野徳蔵からも真澄についての知識を得ていた可能性が推測されるのである。
なお、狩野良知は狩野亮吉の父である。狩野亮吉は明治時代後期に京都大学教授から学長までつとめた学者で、書画鑑定にも詳しく蔵書家としても知られている人物である(その蔵書十万余冊は東北大学図書館に「狩野文庫」として収められている)。真崎が紹介した狩野徳蔵とは、その狩野亮吉の叔父ということになるのである。
(22) 『雅友手翰　山中笑氏』はめぐりめぐって、現在、成城大学民俗学研究所「柳田文庫」に所蔵されており、同研究所から『山中笑翁手簡』(『民俗学研究所紀要』一七・別冊、平成四年)として公刊されている。なお、『山中笑翁手簡』の翻刻文の中で、第1信を明治二十九年としているのは、明治三十九年の誤りであろう。
(23)『山中笑翁手簡』（前掲註(22)）の「第1信」に、以後山中が出す書翰の保存法についての細かい要望が述べられていて、興味深い。『雅友手翰』は、このような要望にしたがって羽柴が保管したものであるが、羽柴はこれにヒントを得て、それ以前の真崎来信その他も同じように保管することにしたのかもしれない。なお、このような書翰の往来と来信の保管は、柳田の『石神問答』という特異な形式の書物の在り様とも、どこかで関連しているかもしれない。
(24)『山中笑翁手簡』（前掲註(22)）九〇頁〈釈文四〇頁〉（第29信）。
(25)「郷土叢書の話」（『退読書歴』『柳田国男全集』七）三六六頁。
(26)「古書保存と郷土」（『退読書歴』『柳田国男全集』七）三五六〜三五七頁。
(27)前掲註(5)四七一・四七八頁。
(28)先に述べたとおり、羽柴は明治二十六年六月付真崎来信によって菅江真澄と『齶田濃刈寝』について教えられ、直ちに『齶田濃刈寝』の筆写を考えたが、そのときは実現しなかった。それを二十年近くたったこの明治四十五年一月に、真崎勇助所蔵本から筆写し了えた理由と経緯については、未詳である。柳田との諸書の意見交換の中で菅江真澄の名が出たため、あらためて筆写を思い立ったものであろうか。あるいは、羽柴雄輔から真崎勇助所蔵の『齶田膿刈寝』の存在を教えられた柳田の依頼を受けて筆写したのかもしれない。なお、古香・古香久明は羽柴雄輔の雅号である。

第三章　「炭焼小五郎が事」から昔話研究へ

はじめに

日本における昔話への研究的関心は、近代以降、上田敏や巌谷小波、高木敏雄(1)などによって始まるが、柳田国男は昔話を子供にかぎらず大人のものでもあると考えた。そして、昭和初期、各地でさまざまな機会に現に口頭で伝承されていたお伽噺や笑い話、世間話ふうの話を一括して昔話と呼び、お伽噺や童話の語を排してこれらを「昔話」という学術用語として定着させ、本格的に研究の俎上に乗せたのである。昔話は柳田によって、大正末から昭和初期に、日本文化研究の上で無視できない文芸として発見されたのである。

柳田国男の昔話研究への大きな貢献は、個別の話を分析した数々の成果とともに、ごく普通の人びとのあいだに、現に口頭で伝承されている話というものに、研究者の目を向けさせた点にある。伝説や語り物研究についてもいえることであるが、後に柳田が言語芸術とか口承文芸としてカテゴリー化したものの特質は、作者の個性の輝きよりも、集団の中で口承されてきたということにある。柳田以前においても、日本文学研究者のあいだでは、口承されていた話が研究対象とされてはきた。しかし文学研究者が対象としてきたのは、『今昔物語集』『宇治拾遺物語』や各種「御伽草子」などに収録されている話で、かつて口承されていたとしても、早くにそれぞれの基準にもとづいて誰かが集合し、いったん文字として定着させられた文芸的性格を有すると認められた作品であった。それに対して柳田が着目したのは、文字に定着させられる以前の話、あるいは掬い取られて文字化されていたとしても、いまだ何らかの基準にもとづいて集合されるにはいたっていない話だったのである。

文字化される以前の昔話には生きいきとした語りの時と場があり、そこには厳粛さが要求されることがあったり、笑いを求めようとする雰囲気の伴っていることがある。語り手と聴き手との呼吸しだいでは、微妙に変化しようとする生命が息づいているのである。ときには、話を持ち歩くさまざまな伝播者の介在が垣間見られることもある。とにかく語りには、話が本来備えているはずの口承の世界が生きているのである。たとい文字として定着した話を研究する場合でも、それぞれの話の背後に、かつて存在していたであろうこのような口承の世界を念頭におくかおかないかでは、研究の深さ厚みは異なってくるであろう。生きている昔話への着目は、それまでの文学研究に対しても大きな刺激を与えたのである。

第一章において述べたとおり、柳田が伝承世界の重要さに強い関心を持ちはじめるのは、明治時代末期である。そのうち比較的早くに取り組んだ口承の分野は、昔話ではなく、地名とか方言、民謡、伝説であった。大正時代を通してこの傾向はつづき、大正時代末期から昭和初期にかけて、いよいよ昔話の研究に本格的に着手するようになったのである。

その後十余年にわたって、『桃太郎の誕生』をはじめ幾多の瞠目すべき成果を世に問うたのであるが、柳田が昔話研究に関心を持つようになる契機は、何に求めることができるのであろうか。本章ではそれが、いわゆる海南小記の旅を経験し、さらにジュネーブを中心とするヨーロッパ滞在のあとでまとめられることになった、「炭焼小五郎が事」(2)という論文執筆の過程に求められるのではないか、ということを述べるのを目的としている。

一　柳田の口承文芸研究

1　口承文芸とは

現在の日本の口承文芸学界の主たる関心は、世間話を含めた昔話の研究にある。国内の昔話の分析や諸外国の話との比較など、研究内容は多岐にわたっているが、主たる対象が昔話であることには違いがない。それに伝説や民謡を加えた研究が、現在の口承文芸研究の主流をなしているといえよう。しかし、口承文芸研究の扉を開いた柳田国男の研究には、初め昔話は含まれていなかった。地名や命名技術・造語法への関心や、伝説研究が専らだったのである。その後徐々に口頭で伝承されている幅広い文芸世界に目を移していき、昔話が重要な研究対象になっていったのである。

柳田が研究対象とした口承文芸の全体像とはどのようなものだったのであろうか。

地名や家名、動植物名、伝説、民謡、昔話など、それまで関心の湧くまま個別に取り組んできた言語にかかわる伝承文化を、柳田が口承文芸という概念を設けて体系化したのは、昭和七年の「口承文芸大意」[3]においてである。ここで用いられた〈口承文芸〉の語が、フランスの民俗学者セビオのいうLittérature orale に由来すると述べていることからわかるように、体系化にあたってはセビオの影響を受けている。そのセビオは民話、伝説、民衆の歌、謎、諺、唱え言を口承文芸と呼んだが、柳田は口承文芸をおおよそ次のようなジャンルに分けて考えようとした。

新語の作成（命名技術や新句法・諺の創案）　謎　諺　唱え言（大人の唱え言を模倣する児童特有の言葉も含む）　民謡

そして、伝承形態と文芸の創出者享受者という二面から、口承文芸の特徴をとらえようとしたのである。「口承文芸大意」が『岩波講座日本文学』の求めに応じた論考であったために、従前の書承文芸（書承文学）を強く意識して、それとの対比で口承文芸の概念を明確にしようとしたのである。

二面のうち、まず伝承形態についていえば、それまで考えられてきた文芸（文学）が、文字を頼りにして書物の形で伝えられ、読書という営みによって享受されていくのに対して、口承文芸は口頭で表現され、聴く行為によって享受され継承されていくのが特徴である。文芸の範疇に語り・聴くという言語活動を含める考えに、現在のわれわれはなんら違和感なく同意できるが、書物に定着している文芸を専ら対象にしていた当時の研究者には、すぐには馴染めない考えだったかもしれない。柳田も先手を打って述べているように、口承文芸というタームを「落着きの悪い自家撞着を含んで[4]」いる概念だと思う人が多かったことであろう。とはいえ、口承の文芸というものを認識し研究対象にすべきだという柳田の提唱は、そういう人びとにとっても新鮮な視点だったに違いない。そこここにいくらでも存在している文芸性を帯びた口頭の言語表現を、口承文芸という概念で括ってみせたことによって、多くの人びとに、眼前に新たな研究沃野の存在していることを教えた柳田の功績はまことに大きい。

もう一つの面、創出者と享受者についてはどのように考えたのであろうか。口頭であってみれば、文字を駆使したり理解できない者でも、自由に文芸の創出者や享受者になることが可能である。また、口頭で伝えるからには目の前には常に享受者（聴き手）がいるわけで、創出者（もしくは伝承者）は身振りや表情、声色、間合いなどの技術を駆使して、話をより豊かに彩ることが可能になる。眼前の刻々と変化する享受者の反応が創出者にも常に意識されているので、ときには彼らに興味を持たれやすいように、内容に工夫のこらされることがあるかもしれない。その結果、口承文芸は、対面の場での創出者と享受者の合作という性格を帯びることにもなるのである。文字の文芸にしても、創出者(作者)は享受者(読者)の好みを念頭において創作する場合は多いであろうが、刻々と変化する伝承の場というものに左右されることはありえない。創出者の強烈な個性が内容を決定するというよりも、創出者と享受者が相互に影響しあう伝承の場というものの創り出す文芸であるというのが、口承文芸の大きな特徴なのだというのである。

2　口承文芸への関心

口承文芸として柳田が初めに興味を抱いたのは、すでに明治四十三年に「地名雑考」(5)を発表していることからわかるように、地名についてであった。少し後になると動植物名や、ゴケダオシなどという農具名にも関心を持って、名前に籠められている文字を持たない人びとの鋭い言語感覚を明らかにし、新語を生み出し定着させていった生活実態とか社会環境の分析にまで、進んでいったのである(6)。

地名への関心はなお後年まで持続させ、諸成果は『地名の研究』(昭和十一年)(7)として集成されることになる。文芸性を汲みとることを第一目的として研究したわけでなかったとはいえ、関係する土地への巧まざる命名に、命名者の確かな言語感覚が反映していることを見逃さなかった。同様のことは、後年のさまざまな風名の考察についてもいえることである。

地名とほぼ並行し、地名よりも集中的に研究を進めたのが伝説の問題である。柳田の伝説研究の成果は、後に『一目小僧その他』(昭和九年)、『妹の力』(昭和十五年)、『伝説』(昭和十五年)、『木思石語』(昭和十七年)、『史料としての伝説』(昭和十九年、三十二年)などの単行本が出たことによって一般に知られることになるが、それらに収録された諸論考のほとんどは、すでに明治末期から昭和のごく初期にかけて、すなわち本格的に昔話研究にとりかかる以前に発表されてしまっていたのである。

柳田は、伝説は昔話と性格が相当に異なると考え、しばしば対比させながら二つの性格の特徴を説いている。伝説は語り方は自由であるが、伝承者と享受者双方に内容が事実だと信じられていることが特徴である。すなわち、話の背景をなす信仰が共有されることによって伝承されていくものであるから、もし周囲の状況の変化によって信じることが難しくなった場合には、信じられやすいように内容を修正合理化させてでも、事実として伝承しようとする力が働くのだという。原則として信仰の共有されることが第一であるため、伝説を口承文芸の枠に囲い込むのに躊躇をおぼえたようであるが、話の内容に昔話との共通点が多いため、口承文芸の研究対象になりうるのだと柳田は考えたのである。

それに対して昔話は、伝承者(語り手)と享受者(聴き手)双方ともに事実などとは信じていないにもかかわらず、内容と語り方の面白さに魅かれて、一定の型を守りつつ繰り返し語られ、伝承されていくのだという。

それにしても昔話と伝説に、区別しがたいほど共通する話のあるのはなぜか。両者の背後に神話の衰退と、衰退しながらも神話のどの部分かが継承されているからであろうと想定したのである。

神話は、祭祀の場において、深い信仰に支えられながら厳粛に伝承されるべきもので、その内容は信仰を共にする集団員以外には窺い知ることができず、本来、祭祀の場を離れて語られるべきものではなかった。しかし信仰の弛緩とともにその鉄則が次第に守られなくなってくると、語られていた内容が一般の場に洩れ出、関係者以外にも享受が可能となる。伝説とは、そのような極端に衰退しつつも、いまだ信仰の力をとどめている神話の姿だと柳田は考えた。したがって逆に、伝説を研究することによって、神話として伝承していた日本人の古い信仰に近づくことが可能となり、その信仰によって統一されていたかつての社会を垣間見ることができるであろうと考えたのである。また各地の伝説の比較によって、古信仰衰退の過程をもたどることができると考えたのである。このような思いは、後に昔話研究にも引継がれていくことになる。

現行の昔話は神話とは遠く離れたものになっているが、昔話も元来は神話と無縁ではなかったと柳田は考えた。かつて一族の始祖の誕生とその一代記を語る話（神話）が、一族の中で固く信じられ祭祀の場などで伝承されていたことを想定し、これと、桃太郎の昔話のように小さな主人公の異常な誕生と成長ぶり、そして壮大な活躍を語る話との類似点に着目したのである。そして誕生から成長、活躍を語る比較的まとまりのある昔話を完形昔話として一括りにし、完形昔話というものは、かつての神話が信仰を全く失い内容を変形させながらも、現在にまで継承されている昔話群であろうと考えたのである。同時に笑話や動物昔話は、完形昔話のなかの印象深い一部分がトピック的に取り出され脚色を加えられ、独立した話として伝承されてきたものであろうと考え、派生昔話として括ったのである。

このとき柳田は、すでにフィンランドの昔話研究者アアルネによる昔話の三分類案（動物昔話・本格昔話・笑話）を熟知しており、その紹介もしていたのであるが、アアルネのような三分類とは別に、神話との関係に着目し、発生論の観点から完形昔話と派生昔話の二つに大分類しようとしたのである。(8)こういう捉え方が、柳田の昔話研究の大きな特徴である。昔話の持つ豊かな文芸性への関心も当然抱いていたのではあったが、同時に昔話の背後に古い神話の姿を見出そうとして、昔話研究に熱中するようになったのである。

3　伝説研究から昔話研究へ

前項で述べたように、大正時代後期までの口承文芸に関する柳田の関心は、発表された論考でたどるかぎり、専ら地名をはじめとする命名の問題とか伝説にあった。それが大正時代末から昭和初期になると民謡にも大いに関心を示すようになり、諺や謎についても積極的に発言するようになる。このようななか、次第に研究の重心を昔話に移していったのである。

もっともこの時期の柳田の学問的関心は、ひとり昔話に限るものではなかった。「蝸牛考」(昭和二年)(9)や「聟入考」(昭和四年)(10)をまとめて、既成の諸学問に伍していく上での新しい民俗学の理論、方法論を闡明しようとしていた。昭和六年から九年にかけては、神宮皇学館の夏期講習会や自宅で主宰していた若い研究者向けの会合において、ヨーロッパの民俗学の現状を語り、かつ自らの民俗学の体系を精力的に講述している。(11)その上、それまでに集積した伝承資料の分類と出版(12)や、さらなる収集に向けて「山村調査」(13)を企画実行したりもしていて、たいへん充実していたのである。方法論の確立や体系構築への熱意は、大正後期に、国際連盟委任統治委員として二度にわたってジュネーヴに滞在したさいに触れた、ヨーロッパの民俗学からの刺激によるところが大きい。「口承文芸大意」がセビオの影響によるように、昔話研究への覚醒もヨーロッパの口承文芸研究に直接触れたことと無縁であるはずはないのである。(14)

さて、昭和戦前期十余年の柳田の昔話研究には驚嘆の他はない。専門誌『昔話研究』の発刊とこれらへの論文発表のほか、『旅と伝説』において何度か昔話特集号の編集を担当し、さらには同一質問項目による昔話の全国調査などをリードしつづけたのである。すでに述べたような口承文芸の体系化とともに、個々の昔話に関する研究の発表や資料の発掘収集などに努め、口承文芸としての昔話の研究に奮闘したのであった。(15)

ところで、ほぼ大正時代末を境に、柳田をして、それまで熱心に取り組んできた伝説研究から昔話の研究に向かわせた契機は何だったのであろうか。青少年期から抱き蓄えていた文芸的な事柄への興味と素養が豊かだったことに加えて、筆者のみるところ、大正九年末から十年初めにかけて、海南小記の旅と呼ばれる九州東海岸から南西諸島への旅を経験したこと、そして先にも触れたようにジュネーブ滞在を中心とする渡欧で得た学問的刺激があった。その上でさらにもっと直接的なことを述べれば、九州東海岸の大分県臼杵地域周辺でますます関心をふくらませたいわゆる吉四六《きっちょむ》話と炭焼長者話に新たな視点を獲得したことである。

笑話の吉四六話と炭焼長者話は内容上まるでつながりはないが、柳田のなかではこの二つはすでに大正時代後期に結びついていた。二つが大分県に深く関わる話であったこともあるが、両者の登場人物に〝吉〟のつく名があるからであり、吉を通して話の伝播者の問題を念頭においたからである。伝播者の問題については、すでに大正四年の「山荘太夫考」(16)において関心のほどを言挙げしていたし、また多くの伝説研究においても念頭から離さなかった問題ではあるが、吉四六話と炭焼長者話にも、吉という名に関係深い人物が伝播に介在していたと睨んで、両話を関係づけて考えたのであった。今ここで深入りすることは避けるが、柳田の昔話研究・伝説研究にとって大切なのは、背後に見え隠れする信仰への関心と並んで、伝承者と伝播者を常に念頭に置いていたことである。

二　「炭焼長者譚」と「炭焼小五郎が事」

1　海南小記の旅

大正九年十二月中旬より翌十年二月中旬までの二ヵ月間、柳田国男は九州東南沿岸部地域から奄美諸島、そして沖縄県へと出かけた。海南小記の旅と呼ばれるもので、柳田にとって最初であり唯一となった南西諸島への調査旅行である。海南小記の旅と呼ばれるのは、旅行の直接の成果が、大正十四年四月発行の『海南小記』(17)という書物としてまとめられたからである。

この旅行はひとり柳田国男の学問を刺激したにとどまらず、まれびと論の発想など折口信夫の独特の学問にも大きな影響を与える契機になったし、伊波普猷、比嘉春潮をはじめ現地の多くの人に、南西諸島の文化と社会研究の重要性を強く認識させることにもなった。さらにその後百年近くにわたって、柳田が先鞭をつけたこの地域の文化と社会の研究は、日本の人文・社会諸科学をとらえて放さないのである。

『海南小記』には、「海南小記」のほか「与那国の女たち」「南の島の清水」「炭焼小五郎が事」「阿遅摩佐の島」の諸編が収められているが、「炭焼小五郎が事」を除くすべては、旅行後すぐの大正十年三月から五月にかけて、当時の『東京朝日新聞』や雑誌『太陽』『国粋』に発表したり、旅行帰途の久留米市の中学校での談話を活字化したものである。いずれも示唆に富む諸編ではあるが、旅行直後にまとめられた紀行文ないし見聞談と称すべきものである。

それに対して「炭焼小五郎が事」は、旅行後少し間をおいてまとめられた論考である。内容は全国に分布する炭焼長者話が、豊前国(大分県・福岡県)の宇佐八幡信仰の古態にかかわりがあるのではないかということを仮説として提示し、かつ、この話は豊後国(大分県)を発祥の地とし、木炭生産に関係深い金属鉱工業の徒の介在によって臼杵近辺から各地に伝播していったのではないかと説くものである。「炭焼小五郎が事」において提示された仮説は、その後すべてが肯定されているわけでないとはいえ、その後の八幡信仰の研究や昔話研究に大きな影響を与えることになった、研究史上おろそかにできない論考である。

では柳田国男は、海南小記の旅からどのような示唆を得て「炭焼小五郎が事」をまとめるにいたったのであろうか。また「炭焼小五郎が事」は、柳田の研究全体のなかにどのように位置づけることができるのであろうか。

2 炭焼長者話

昔話研究者には少し煩わしいかもしれないが、まず最初に、「炭焼小五郎が事」において分析の対象になっている炭焼長者話の粗筋を述べることから始めたい。この話は各地において伝説として伝承されている場合が多いが、まとまった一つの昔話として語られてきたものも多い。双方の粗筋に大きな違いはない。伝説化している話はそれぞれ地域の社寺や家の伝承、遺跡・遺物など個別の事柄と結合していてやや煩雑なので、話をすっきり理解するには、昔話として語られている内容をたどっておく方がわかりやすい。箇条書きふうに昔話の内容を把握しておきたい。

炭焼長者の昔話は、「炭焼長者・初婚型」と「炭焼長者・再婚型」とに大別できる。

【炭焼長者・初婚型】

①貴人の姫(しばしば醜い)が、夢の告げにしたがって貧しい炭焼のもとを訪れ、その妻となる。
②食べ物がないので、妻(姫)は夫(炭焼)に小判を渡して町へ買物に行かせる。
③その途中夫は、池に浮かぶ鴨などの鳥を獲ろうとして小判を投げつけてしまい、買物ができないまま戻ってくる。
④妻は夫に、渡した小判は黄金であると告げその貴さを教え諭すと、夫はこのようなものは山中の炭焼く場所にはいくらでもあるという。
⑤二人は炭焼く場所に行って黄金を集め、長者になる。

ほぼこのような展開で全国に分布しているのであるが、地域によっては炭焼を山芋掘の男として語っているものもある。しかし、話の展開は同じと考えてよい。

【炭焼長者・再婚型】

①あるところに長者がおり、長者はさまざまな理由で妻に不満をもって離縁する。

②妻が出て行くと、長者は次第に落ちぶれる。

③離縁された妻は神のお告げによって炭焼の男のもとを訪れ、その妻となる。

④妻はその夫（炭焼）に黄金（小判）の貴さを教えると、このようなものは炭焼く場所にはいくらでもあると言い、二人はそれを集めて長者になる。

⑤そこへ、落ちぶれた先夫が物乞い（もしくは物売り）として訪ねて来、妻はすぐそれが先夫であることに気づくが、先夫は気づかない。

⑥先夫はその家の下男となってその家で働きつづけたり、後で、その家の妻が実は先妻であることに気づいて恥ずかしさで死んでしまったりする。

細部にわたれば異同はあるものの、再婚型の話はざっとこのような展開で全国に分布しているのである。ただ再婚型には、冒頭の部分（①②の部分）が昔話「産神問答」と習合している話が少なくないので、参考までにその「産神問答」の冒頭部分の粗筋も記しておこう。

【産神問答】

㋐ある男が用事に出ての帰り、夜、祠堂に泊るとか海岸で寄木を枕にして寝ていると、それを知らずに集まってきた神々が、今夜近くの村に生まれた男女二人の子供のうち、女児の方に福運があると語っているのを聞く。

㋑朝になって男が村に帰ってみると、わが家には男児が生まれ隣家に女児の生まれたことを知り、隣家に申し込んで二人を婚約させる。

㋒二人は成長して結婚し、次第に長者になるが、そのあと男(夫)は女(妻)を嫌うようになり離縁してしまう。

㋓妻を離縁した夫は間もなく落ちぶれてしまう。

㋔(以下、省略)

㋔以下は、「炭焼長者・再婚型」の③以下と同じ展開なので省略した。ただ、粗筋は同じでも、再婚相手を炭焼以外の男とする話も少なくない。このへんが語りとしての昔話同士の影響習合の問題として昔話研究者が分析に力を注ぐ点であるが、本章は昔話「炭焼長者」そのものの研究を目的にはしていないので、これについては深入りしないでおく。

要するに本項では、昔話「炭焼長者」とは、女に備わっている福分がその女とかかわりを持つ男を富ませることを主題にした話なのであり、初婚型の話と、それより複雑な展開をみせる再婚型の話とがあるということを理解しておくことが肝要である。

3　「炭焼長者譚」の概要

柳田は「炭焼小五郎が事」をまとめる前に、炭焼長者話について、「炭焼長者と芋堀長者」という談話と、「炭焼長者譚」という論考を発表している。

「炭焼長者と芋堀長者」は大正八年初頭に活字化されているので(18)、大正七年末の談話筆記であろうか。短いものではあるが、すでにこの段階で炭焼長者話に相当の関心をもって資料を集めており、沖縄の話にも言及していることがわかる。柳田の炭焼長者話への関心の始まりを知る上で貴重な談話である。しかしこれはあくまでも談話筆記であり、かつ言わんとする大要はほとんど次の「炭焼長者譚」と同じであるため、柳田の炭焼長者話への関心が、この談話筆記によって少なくともすでに大正七年にまで遡ることがわかるという指摘にとどめ、ここでは分析の対象にはしないでおく。

「炭焼長者譚」の方は、それから二年ほど後の海南小記の旅に出る直前にまとめられ、旅行中の大正九年十二月五日から翌十年一月十一日まで七回に分けて、断続的に『大阪朝日新聞』に掲載された論考である。併行して『東京朝日新聞』にも、大正十年一月一日から十五日まで八回に分けて掲載されている[19]。

それでは、「炭焼長者譚」の構成と内容はどのようになっているのか、箇条書ふうに要点を記しておこう。

○炭焼長者話を、青森県の津軽に伝えられている話(昔話と伝説が含まれる)の内容紹介からはじめ、東北地方各地の話、長野・大阪・広島・徳島各府県の話というように、北から事例をたどって九州地方に説きおよび、最後に『宮古島旧記』を引用して沖縄の例を紹介している。その間、話の粗筋は同じでも主人公を芋堀長者とする石川県金沢などの例も検討されている。こういう中で、大分県すなわち豊後の事例が一つも紹介されていないことには注意しておいてよい。

○豊後という地域については、広島県や福岡県の盆踊り歌に、姫が夢告によって押しかけて行く先として「筑紫豊後は臼杵の城下、藁で髪結ゆた炭焼小五郎」とか「我が添ふつま九州豊後、豊後みね内炭焼又吾」などとして、豊後という地域名が各地の盆踊り歌に含まれていることに着目しているのみである。その上で、豊後国は古典

（中世の舞の本「烏帽子折」など）に登場する真野長者の地であるから、炭焼長者話と真野長者の話は、どこかで関連しているのだろうと推量している（あるいは推量するにとどまっている）。また、盆踊り歌に登場する姫の名が、玉屋・玉代であることにも着目している。[20]

○紹介されている各地の話のほとんどは、社寺や旧家・旧跡と結びついた伝説である。また東日本の事例には、炭焼藤太というような名前と金売吉次というような名の登場人物が多いことを指摘している。

○女（姫）の見る夢が観音のお告げであることが多いことにも着目している。その上でこの話は、女と炭焼との結婚および二人が長者へ成長することが、観音の利生によるのだということを語るものだと考えている。

○常に話の伝播者を念頭に置いて説き進められており、各地に話を伝播して歩いた者は、炭焼を業とする者か、炭を多量に用いる鋳物師・踏鞴師など鉱工業の従事者、あるいはこれらと交流のあった巫女の性格をもつ遊女など、漂泊生活を送った者ではなかろうかと推測している。

○『義経記』や『舞の本』（「烏帽子折」）との関連を予想している。

この「炭焼長者譚」は、「炭焼小五郎が事」の中に「（炭焼長者話について）稍長い一篇の文を新聞に書いて置いて、九州の旅行には出て来た」と述べられているので、海南小記の旅の出発前に書き上げて新聞社に渡されていたことが明らかである。したがって「炭焼長者譚」には、海南小記の旅の体験はまったく含まれていない。つづけて「（新聞に炭焼長者話をまとめてはみたが、海南小記の旅で）豊後をあるいて見ると考へねばならぬことが愈多かつた」とも述べていることから、その後「炭焼長者譚」を再考し「炭焼小五郎が事」をまとめるにあたって、海南小記の旅の経験がいかに大きかったかがわかるのである。

右のことから柳田は、「炭焼長者譚」をまとめて旅に出、そして旅での見聞や思索を盛り込み、「炭焼小五郎が事」へと大きく発展させていったことがわかる。したがって「炭焼長者譚」と「炭焼小五郎が事」の両論考を比較することによって、旅で得た炭焼長者話に関する新しい事実、および同話についての思量の深まり、話に対する微妙な関心の変化が明らかになるはずである。

4 「炭焼小五郎が事」の概要

「炭焼小五郎が事」は、海南小記の旅から戻り、『海南小記』出版(大正十四年四月)までの四年のあいだにまとめられたが、定かな執筆年月は未詳である。この四年のうち大正十年五月以降は、五ヵ月ほどの帰国期間を挟んで前後二年間、国際連盟の仕事などでスイスのジュネーブを中心に欧州に滞在していたのだから、この間の執筆は無理だったであろう。海南小記の旅から戻ってジュネーブに出発するまでにも二ヵ月ほどあったが、この期間にも出発の準備などで執筆は難しかったであろう。そうすると、欧州から帰国後の大正十二年十一月から同十四年三月ごろまでの一年五ヵ月ほどのあいだに執筆されたことになる。さらに絞れば、『海南小記』の出版年月からみて、大正十三年後半から翌十四年初頭にかけて執筆されたと考えてよいのではないだろうか。

「炭焼小五郎が事」は「炭焼長者譚」を下敷きにし、その内容をほとんど取り込んではいるが、構成はまったく異なっている。単に「炭焼長者譚」を増補したというような論考ではない。炭焼長者話を論じている点では同じでも、新たな主張を構想して書下ろされた別の論考なのである。

ところで、「炭焼小五郎が事」は、何度読みかえしても正直なところ難解な論考である。示唆に富んだ見解が随所に述べられてはいるが、難解としか言いようがない。おそらく柳田の頭にはまず確実に主張したい事柄があり、そしてその自説に自信はもっているものの、また多くの興味深い資料の提示はしながらも、確かな証拠の乏しいことを自覚していて、実証的に説明しきることのできないもどかしさを抱きつつ、執筆したものであるように思われて仕方がない。証明しきることはできないながらも、それでも何とか自説を述べておきたいという思いは充分に伝わってくるのであるが、著者(私)には理解しにくいとしか言いようがないのである。

過不足なくまとめるのは容易でないが、「炭焼小五郎が事」の構成と内容の要点を箇条書きふうに記してみよう。

○「炭焼長者譚」で提示した事例のほとんどすべてが取り入れられているほか、多くの新たな事例が紹介されている。新たな事例には昔話「炭焼長者・再婚型」の話も加わり、初婚型の話より複雑な展開をするこの再婚型の内容も分析の対象にされている。

○大分県の臼杵周辺の伝承事情から説き起こしていることに、注目したい。そして芋堀長者の話や東北地方のイタコのオシラ神遊びの詞曲に含まれる炭焼長者の話にも言及しつつ、全国各地の話へと説き進めるという構成になっている。「炭焼長者が豊後で生れ、後に全国の多くの田舎に」と述べているように、炭焼長者話は豊後の臼杵周辺で生まれ全国へ伝播していったと推測し、その推測への確信にもとづいてまとめられている論考だとみてよいであろう。

○臼杵周辺を話の発祥地だと推測する理由として、かつてこのへんが炭焼きの盛んな地だったこと、古典に登場する真野長者の話の地元であること、縁起に炭焼長者の伝承を取り入れた寺院が複数現存し、地域の多くの人に話の内容が事実だったと信じられていること、それに、臼杵が八幡信仰の発祥地である豊前国の宇佐に比較的近いこと、というような点を考えていたと読みとることができる。

○豊後国の炭焼長者話が、中世の舞の本「烏帽子折」に含まれている草刈笛由来話の中の、帝が豊後に赴き草刈る童・牛飼い童に姿を窶して玉世姫に接近し結ばれる話に、きわめて類似していると考えている。そして草刈笛由来話は、神が人間の少女のもとを訪れる話の一種だとして重視し、賀茂信仰や三輪伝説に通じる古態をとどめる話であると分析しているので、現在伝承されている炭焼長者の話も、本来はこれら古信仰につながるものだったであろうと考えるわけである。関連させて、宇佐八幡が託宣の多い神である点にも注意が払われている。

○沖縄に伝承されている炭焼長者話の中に、金属の伝来に結びついた話のあることに注目している。そのことから話題を転じて、沖縄では竈が家々の火の神の重要な祭祀場であり、そこには火の神の座として三つ石が用いられることを述べ、議論を、この火の神と炭焼長者話との関連を説く方へ発展させている。そして火と日が同音であることから、火の神の本源は太陽であったと推測するのである。このへんの説明には、賀茂信仰の丹塗り矢の話や『播磨風土記』の天目一箇命の話などが動員され、魅力的な推論が展開されていて、柳田のペースに巻き込まれそうになるのだが、飛躍の多い展開だといわざるをえない。

○その上で、沖縄の三つ石と、宇佐の御許山(馬城峯)の三所の磐境(巨大な三つ石)に類似性があると考えること、炭焼長者の話にしばしば登場する鷹のモチーフと宇佐の鷹社の三隅池の鷹の伝承との類似点、草刈笛由来話に宇佐神が登場することなどを挙げて、炭焼長者話と宇佐八幡信仰との関連性を説こうとしている。

○炭焼長者話の成長には、観音信仰など仏教の関与のあったことが示唆されている。

○遍歴生活を送る炭焼や鋳物師などによって、炭焼長者話が伝播されていったであろうことを常に念頭に置いて、全体が説き進められている。

5「炭焼小五郎が事」の特徴

それでは、「炭焼長者譚」と比較した場合の、「炭焼小五郎が事」の特徴を指摘しておこう。著者は次に指摘する諸特徴が、柳田が海南小記の旅で得たもの、そして「炭焼小五郎が事」を執筆することによって獲得することになった見解であると考えるのである。

A　「炭焼長者譚」では事例を北方から南の地へと紹介していっており、豊後の臼杵周辺を発祥の地だとはまったく考えていないのに対して、「炭焼小五郎が事」では、炭焼長者話の発祥を大分県の臼杵周辺だと考えるようになっていること。

B　「炭焼長者譚」では宇佐八幡信仰への言及がまったくなされていないのに対して、「炭焼小五郎が事」では宇佐八幡信仰との関係を重視していること。しかも、炭焼長者話が八幡信仰の古態を示す話ではないかとまで考えていること。

C　舞の本の「烏帽子折」草刈笛由来話の内容をもとに、神が人間の少女のもとを訪れるという賀茂信仰や三輪伝説の核心にまで話を発展させ、その信仰が豊後国の炭焼長者話にも通底していると説くこと。「炭焼長者譚」にはまったくみられなかった発想である。

D　昔話「炭焼長者・再婚型」の話に着目し、再婚型の分布に遠方間（遠野と沖縄）の一致がみられることから、この話の古さを推測しようとしていること。また再婚型への着目から、炭焼長者話には女の福分が男を左右する要素がみられるという見解を導いていること。「炭焼長者譚」にも沖縄の再婚型の話が紹介されてはいるが、紹介しているのみで、とくに再婚型に着目しているというわけではなかった。

E　豊後国の炭焼長者話には、昔話の絵姿女房や難題聟の要素が纏綿していることに注目していること。

次にはこれら諸点を敷衍しながら、海南小記の旅が柳田国男にもたらしたものを検討し、「炭焼小五郎が事」が昔話研究史上に持つ意義について考えていきたい。

三　炭焼長者話の豊後国発祥説

1　豊後国臼杵地域で得たもの

海南小記の旅に出発する以前から柳田は、炭焼長者話を豊後国(大分県)に生まれたものだと推量していたのであろうか。

「炭焼小五郎が事」の冒頭近いところには、かつて弘前(青森県)においてこの地方の炭焼長者話を知ったことに触れ、

> 豊後に起つたことは疑が無い炭焼の出世譚が、ほんの僅かな変更を以て、本土の北の端までも流布するのは如何なる理由であるかを訝るの余り、稍長い一篇の文を新聞に書いて置いて、九州の旅行には出て来たのであつた。

と述べられている。この「長い一篇の文」とは「炭焼長者譚」のことであり、「九州の旅行」とは海南小記の旅である。これだけを読めば、早くから豊後国発祥を信じていたかのように思われるが、海南小記の旅への出発以前に、炭

焼長者話が「豊後に起つたことは疑が無い」と考えていたのかどうかは、はなはだ疑問である。もし考えていたのならば、旅行前の「炭焼長者譚」にも必ずそう記していたであろうが、「炭焼長者譚」から豊後発祥説を読みとることは全くできない。「烏帽子折」草刈笛由来話の内容や広島県の盆踊りの詞章などから推測し、「いつの頃からか大分県の南部の町(引用者註：臼杵町のこと)が、此方面での金華山と慕はれて居たのには、意味があらう[21]」と述べているので、炭焼長者話が豊後と関係の深い話だとの思いはあったであろうが、発祥の地だとの考えまで持っていたとは、とても思えないのである。

その理由の一つとして、「炭焼長者譚」では、すでに紹介したように事例を北(弘前)の炭焼長者の話から列挙していき、豊後の名を出したあと(ただし豊後の事例は挙げられていない)大隅半島の事例に移っていくのであるが、そのさい、「炭焼長者の南進は、決して豊後を以て其終点として居なかつた」と述べていることが挙げられる。「南進」とは表現の綾だともとれるが、とにかく、どこからと述べているわけではないが、北から伝播してきて豊後国をその一通過地のごとく捉えていたわけである。

ところが、旅行後の「炭焼小五郎が事」になると、先述のとおり「豊後に起つたことは疑が無い」と断言した上で、冒頭部分においてまず豊後に伝承されている炭焼小五郎の話を述べ、それと比較するようにして各地の話の紹介を進めていくという構成がとられている。さらに、「豊後は今に於て尚炭焼の本国である」とか「何が故に豊後の炭焼のみが夙く人に知られ、殊には小五郎長者の物語が、遠く久しくもてはやされるに至つたか[22]」などと述べていて、豊後が炭焼の本国であるとともに、炭焼長者話発祥の地だと確信しきった書きぶりに変わってきているのである。

発祥地について、なぜこのように確信できるようになったのであろうか[23]。

そこで参考になるのが、海南小記の旅の旅行手控帳とでもいうべき『南島旅行見聞記[24]』である。これには、出発当初、臼杵周辺においてさまざまな見聞を重ねたことがメモされている。名前は確認できないものの幾人かの人にも会っていたようであり、当然その中には、後述する伊東や日名子のような郷土史家が含まれていたとみてよいであろう。

参考までに、『南島旅行見聞記』のうち本章に関係ある部分のみ抄録しておこう（同書、二一六～二一九頁）。

○北海部郡臼杵町深田（元は下南津留村字）

足刈俊蔵　炭焼小五郎後裔、俵のまゝ焼けた炭二俵、なた等を蔵す。一年一度の先祖祭のとき陳列す。石仏の附近に炭竈あとてあり。岩のくづれより今も炭の屑の化石無数に出づ。

○三重では内山観音の附近字アシカリといふ所あり。鷲谷にては炭を焼く。此辺山の石皆小判なりしといふ。アシカリには小五郎住めりといひ、鴨渕といふつゝみあり、炭焼の往来に鴨に石を打ちて楽しみつゝありしと云へり。

○千体薬師「石仏」の事をかくいへりき。之より少しはなれて小五郎夫妻の石体もきざみつけてあり。参詣の者ありて、はた・線香などあげてあり。

○深田の辺より姫見嶽へかけて一帯に金銅鉱試掘地なり。臼杵の署長たりし佃辰次郎（大分銀行支配人）此伝説より思ひつきて出願せしものなり。今大阪人の所有となる。

○朝日夕日の話ありし為、内山附近を盛にほりくりかえしたる人、三重町にもありき。

○上浦の山には、よきクヌギ林をしたてたる所あり。ナバ木なり。ナバ生産の技術は、南海部人を以て優とす。他地方は之にならへり。郡内海岸部の二三の村、たとへば名護屋村などは今も之を行ふも、今は主として他郡の山地に出稼す。夫婦共にゆき、山をかりてナバを製するもの其数多し。東国の炭焼などの如し。炭焼もこの郡より出るもの少からず。二者相関連するか。

「炭焼長者譚」を書き上げてすぐ豊後にやってきた柳田にとって、豊後には、女性の福分によって長者になった炭焼（小五郎）の後裔と称する人が現存しており、その証拠だという炭俵や鉈が伝襲され、長者の先祖祭りまで営まれているのだということは驚きだったに違いない。これ以外にも、炭焼長者話を現に信じる人が多く存在していたことに、一種の感動をおぼえたことであろう。その上に当地域が、この話の伝播者を推量する上での重要な鍵をなすと考えていた、炭焼の盛んな土地であることをも知ったのである。炭焼長者話にとって、豊後国はただならぬ地だと直感したことであろう。

先にも述べたように臼杵では何人かの郷土史家にも会ったはずであり、『南島旅行見聞記』に記されているような見聞内容には、おそらく彼らから得たものが多いのであろう。と同時に、そういう人びととの懇談の席において柳田も、炭焼小五郎の話をはじめ郷土の伝承の重要さを説き、彼らにさらなる発見と記録保存に向けて注意を喚起したことであろう。このことは、海南小記の旅から帰宅した柳田のもとに、同地に埋もれかけていた炭焼長者話が、新たにまとめられ届けられたことから推測できる。それらに目を通した柳田の頭の中では、炭焼長者話と豊後の地とがいよいよ分ち難いものになっていったことは想像に難くないのである。

届けられたものでいま明らかな資料は、伊東東から送られた『豊後国満之長者由来記全』と、日名子実三からの『真名長者実記』(25)である。

2 『豊後国満之長者由来記全』と『真名長者実記』

(1) 『豊後国満之長者由来記全』

『豊後国満之長者由来記全』の内容は、前半部と後半部に大別できる。

前半部は炭焼の又五郎に養育された炭焼の小五郎(幼名藤作)のもとへ、三輪大明神のお告げによって内裏から玉津姫が訪れてきて妻となり、妻の教えによって小五郎は黄金の価値を知り、二人は長者になるという筋立てになっている。ここまでは他地域の「炭焼長者・初婚型」と同じだといってよいが、つづけて長者夫婦の間に女児(半女姫)が授かるというように話は発展する。そして授かるにあたっては、妻(玉津姫)の胸中に満月が飛び込んで懐胎したということになっているのが、同書の語る豊後の国の炭焼長者話の特徴である。

さらには、玉津姫が炭焼小五郎に相まみえるまでに、白髪の翁などが登場して玉津姫の顔の痣を落としてみたり、夫婦になったあと黄金を採取に行った場所で出会った亀に、小五郎の前世が天竺の大満長者だったなどと告げられたり、長者になった後に多くの家来を抱えたり、唐土からつぎつぎ訪問客があったりする話が組み込まれているのである。

後半部分は、このようにして長者夫婦に授った半女姫への、帝からの誘いをめぐって話が展開し、唐土からの使者もからんで込み入った筋立てとなり、昔話「絵姿女房」や婚姻譚に多い難題話を想起させる展開となっている。結局は、帝の若宮が三輪大明神へ祈誓して豊後に下っていき、「烏帽子折」草刈笛由来話に似た展開をたどって若宮と半女姫が結ばれ、二人の間に玉絵姫が授かることになる。そして帝の意向に従って若宮が一足先に内裏に戻り、若宮を追って半女姫も都に上ろうとするのであるが、その海路の途中で遭難し、半女姫は命を落としてしまう。そのあと玉絵姫の結婚などさまざまな話がつづいた後、炭焼小五郎長者(満之長者などと記されている)が帝に奏聞して、遭難死した半女姫の廟(半女寺または般若寺)を周防国の大浦に建立するという話になる。

展開は単純ではないが、後半部分は要するに、炭焼長者話と草刈笛由来話とが結合した内容なのである。さらに、三輪大明神や帝、若宮、唐土からの訪問者などさまざまな神・人を登場させ、最後は、周防国の半女寺(般若寺)の由来譚ともなっているのが特徴だといえようか。

『豊後国満之長者由来記全』は、奥書によると、「萬之長者一代記」という書名で豊後国大野郡新田村字中尾区の河野家が所蔵していたもの(河野本)を、明治三十年四月に同村深田区の堀祝が書写し、さらにそれを大正十年一月から二月にかけて同郡三重郷の伊東東[26]が謄写印刷した書物である。五十冊印刷され、そのうちの第一号が河野本と校合されて、同年三月十六日に柳田宛に送本されている。送り主は謄写者の伊東東かと思われるが、伊東はかつての『郷土研究』への寄稿者でもあった。恐らく前年暮れ、海南小記の旅で豊後を訪れた柳田に会って啓発され、このような郷土に伝承されている炭焼長者話に関心を抱いて、直ちに右の謄写を成し遂げたのであろう。五十冊にはナンバーをつけて配布したようで、その第一号を柳田に送呈していることは、柳田に啓発されてこの事業にいたったということを推測させてくれるのである。

(2)『真名長者実記』

『真名長者実記』は巻一～七からなり(ただし一冊本)、そこに「長者起之叓」をはじめとして、「満月寺縁起」とか「満野長者深田記」など三十編ほどの話が収録されている。

そのなかで中心をなすのは、全量の三割強を占める「長者起之叓」である。「長者起之叓」の内容は、細部にわたれば異同も少なくないが、先に述べた『豊後国満之長者由来記全』とほぼ同じ筋立てなので、内容紹介は割愛する。

その他では、例えば「満月寺縁起」は「豊後国海部郡深田郷紫雲山満月寺者満野長者五ヵ院草創之地也」ではじまっていることからわかるように、満野長者にかかわる満月寺の縁起であり、「満野長者深田記」には満野（真名）長者にかかわるさまざまな話が含まれている。三十編ほどのうち、小五郎が長者になるまでの話（すなわち炭焼長者話）は、「長者起之叓」に語られているだけである。他の諸編は長者になった後の、炭焼とは直接関係のないさまざまな出来事を記す内容になっていて、総じていえば「長者起之叓」を部分的に増補拡大させたものとみてよい。諸編の関係者にとっては大事な伝承だったのであろうが、本章の炭焼長者話にとっては瑣末で荒唐無稽な話の集積である。しかし満月寺を中心にして、当時の海部郡深田郷近辺にさまざまな炭焼長者（真名長者）に関する話が実に熱心に語られ、縁起などとして記述し保存されていたことのよくわかる資料ではある。(27)

この『真名長者実記』も謄写印刷版で、臼杵石仏保存会によって大正十二年三月に謄写されている。奥書がないのでこれ以上のことはわからないが、『豊後国満之長者由来記全』と同様に、豊後を訪れた柳田との懇談に触発された臼杵石仏保存会の人びとが、地元に伝わっている炭焼長者関係の話や写本類を集めて謄写印刷することになったのであろう。そしてその一本を柳田に送呈し、会員各自が所持したものと思われる。

「諸国叢書」の『真名長者実記』には、柳田が「日名子実三君所贈」と記しているので、柳田に送ったのが臼杵石仏保存会の日名子実三であるのは明らかである。日名子実三も伊東東と同様に柳田と交流のあった郷土史家で、とくに吉四六話を通じて柳田と交流を持っていたようである。(28)

このように柳田は、海南小記の旅において自ら多く学ぶとともに、豊後国臼杵周辺地域の郷土史研究家に多くの刺激を与えた。その結果、臼杵周辺に伝来していた炭焼長者話関係の写本類がまとめられ、謄写印刷されるという成果を生んだのである。

写本類の謄写印刷本を送付されて読んだ柳田は、あらためて豊後国で伝承されてきた炭焼長者話の総体が把握でき、それが「烏帽子折」草刈笛由来話に類似する一連の話であることを、改めて知ることになったのである。郷土史家など土地の人との懇談の場で、すでに臼杵周辺地域で炭焼長者話が強く信じられていることを実感したであろう柳田は、臼杵の地と炭焼長者話との結びつきの強さに、いよいよ確信を抱くようになったことであろう。そして、それまでの伝説研究において、伝説は信じられてはいても事実とは異なるということをすでに説いていた柳田ではあったが、臼杵周辺地域のこの状況に触れて、炭焼長者話は豊後を発祥の地とするという考えに傾斜していったものと思われる。

3　宇佐八幡信仰と三つ石信仰

(1)宇佐八幡信仰との関わり

豊後国発祥と考えるにいたった他の重要な理由として、臼杵周辺地域の炭焼長者話では、長者夫婦に授かった女児が妻の身中に満月が入って懐胎した子だと語っていること、および話に宇佐八幡信仰が纏綿しているのを知ったことの二点が挙げられる。「炭焼長者譚」では述べられることのなかった、柳田にとっての新知識である。

これらのことに着眼した柳田は、炭焼長者話は、日本の神祇史研究上の大問題である八幡信仰の古態をうかがわせるものではないか、というところまで考えを発展させていくことになったのである。[29]表現を換えれば、突き進んでいくことになったというわけである。

柳田は、「炭焼小五郎が事」の冒頭近くで、豊前国宇佐郡（大分県）においては炭をイモジと呼ぶ方言に触れたあと、次のように記している。

是が若し炭の最初の用途を語り、更に一歩を進めて宇佐の信仰の極めて神秘なる部分、即ち所謂薦の御験、黄金の御正体の由来を解き明かす端緒ともなるならば、云々

すなわち、製炭・金属鉱工業者の問題から、宇佐八幡信仰の古態解明にまで説きおよんでみようとの抱負を、さりげなく表明したのである。

まず一点目の懐胎の件は、よく知られている賀茂信仰の丹塗り矢の伝承などと同じように、長者夫婦が尊い神の子（ただし男女の違いがある）を授かったことを意味する話である。これは、大神神社の神婚神話（三輪伝説）にも通じるモチーフである。

二点目の宇佐八幡信仰との関係は、臼杵の郷土史家から届いた先の両書の後半部分がヒントにされているように思われる。長者になった小五郎（満之長者・真名長者）の姫（半女姫・般如姫）の評判を聞いた帝の若宮が、三輪大明神に祈誓し、求婚のために身を窶して豊後を訪れ、ついには結婚にいたるという展開の中には、求めに応じて若宮が笛（草刈笛）を披露したさいに、宇佐の山里の者だという翁が登場してきて、再びお目にかかろうといって北の方（宇佐は臼杵の北方にあたる）に飛び去るという不思議な一条が顔を見せている。また、姫の病気平癒を願って催された笠懸行事のさいに若宮が大活躍し、出自を明らかにして二人の結婚が成就するのだが、結婚成就にあたって、山王権現や三輪大明神とともに宇佐八幡の名が語られているのである。

とにかく、臼杵地域周辺の炭焼長者話にみられる女児の授かり方や宇佐八幡信仰との関係は、旅行後に、『豊後国満之長者由来記全』や『真名長者実記』「長者起之叓」を読んで思いいたったことだとみてよい。

ところで柳田は、早く大正六年に「玉依姫考」(30)という論考をまとめていて、宇佐八幡信仰についてはすでに一家言

を持っていた。「玉依姫考」は八幡三所神のうちの主として比売大神について論じたもので、比売大神とはもともと天つ神の霊を受けて神の御子(即ち主祭神)を生んだ神だったのではないかというのが、その主旨である。柳田はそれまでの諸説を検討した上で、比売大神は玉依姫でもあるという説を支持している。そしてタマ(玉)は神の霊のことでありその霊を憑依させて出現させたのが玉依姫なのだ、という考えにもとづいて比売大神の性格を論じ、宇佐八幡信仰の古態に迫ろうとしたわけである。同論考では草刈笛由来を語る真野長者の話にも言及しており、当然、そこに登場する長者夫婦が授かったたまよの姫(玉代姫)にも触れている。しかしこれらはあくまでも、机上において、中世の「烏帽子折」から得た真野長者に関する話について述べた考えであり、現地で語られている炭焼長者話との関係で述べたわけではなかった。

玉のつく女性名への関心は、すでに「炭焼長者譚」においても示されていた。しかしここでも、安芸国賀茂郡(広島県)の盆踊り唄に歌われている豊後国の玉屋姫や、「烏帽子折」に出てくる玉代に着目して述べているだけで、豊後国の現在(大正時代後期)の伝承を念頭に置いたものではまったくなかったのである。

「玉依姫考」では、女人のもとへ夜ごと貴人が訪れるという、三輪の神婚神話に言及していることにも注目すべきであろう。同時に、ほんのわずかだが大神朝臣の一族と豊前豊後とのかかわり、さらにその中に宇佐の神職に就いた者のあったことに触れているのも、注目される点である。

「玉依姫考」をまとめた柳田の中には、豊後国で現在信じられている炭焼長者の話を知る以前において、すでに、宇佐八幡信仰についてのこういう問題意識が熟していたのであった。

その上で、海南小記の旅の成果として『豊後国満之長者由来全』『真名長者実記』に接したわけであり、そこに記されている豊後国伝承の炭焼長者話の詳細は大きな刺激になったのである。両書に語られている満月が身体に入り込んで懐胎した玉津姫は、まさしく、「玉依姫考」で考えていた宇佐八幡の比売大神そのものに思えたことであろう。また、玉津姫が豊後国の小五郎のもとを訪ねるのは、「玉依姫考」において宇佐と関係があると考えていた三輪大明神の夢告によるものであった。三輪大明神には、「烏帽子折」において若宮が豊後国に下るにあたっても祈誓しているのである。そして豊後国臼杵地域周辺の炭焼長者話には、若宮が宇佐の地から来たという不思議な翁に出会うという件があったり、さらに三輪大明神の加護も得て婚姻が成就していると説くように、とにかく、三輪大明神や宇佐八幡信仰を連想させる要素が少なくなかったのである。宇佐は豊前国、臼杵は豊後国であるとはいえ、ここに、臼杵地域周辺の炭焼長者話と宇佐八幡信仰とが、柳田の中で手を結ぶことになったのであろう。

右に述べたようなことに加え、『豊後国満之長者由来記全』と『真名長者実記』(「長者起之叓」)両書の後半部と同じ展開をする舞の本「烏帽子折」の中の草刈笛由来話の玉代姫も、当地の内山観音に祈誓して授かった申し子であった。さらに草刈笛由来話に明確に宇佐八幡の名前が出ていること、および宇佐八幡における八月十五日の放生会後の流鏑馬行事が語られていることも、柳田には大きなヒントになったことと思われる。また、姫を訪れる者として若宮と帝との相違はあるものの、臼杵地域周辺の炭焼長者話と「烏帽子折」草刈笛由来話の両者が、同じように貴人潜幸を主題にしていることもヒントになったのであろう。「炭焼小五郎が事」をつぶさに読むと、草刈笛由来話と粗筋において似ているとはいえ、それとはあくまでも異なる両書の話を、草刈笛由来話に重ね合わせてみているように思われのである。「炭焼小五郎が事」をまとめつつあった柳田の頭の中では、両書に収載されている豊後国の炭焼長者話とともに、「玉依姫考」の発想や草刈笛由来話が渦巻き、比較されていたはずである。

柳田国男が、炭焼長者話は宇佐八幡信仰の古態を語るものではないかと考えるにいたった理由の検討は、以上に述べてきたことでもう充分かと思う。しかし、海南小記の旅は臼杵を出発後、大隅半島を経てさらに沖縄本島、宮古、八重山へとまだまだつづき、帰途、奄美大島へも立ち寄って終わりを迎えるのであり、そこにおいても、柳田は炭焼長者話についてさらなるヒントを得たのであった。

(2)三つ石信仰に触れて

南西諸島で見聞したさまざまな伝承は、後の柳田の学問に多くの収穫をもたらしたが、これを「炭焼小五郎が事」にかぎって言えば、火の神である三つ石信仰を実感したことと、再婚型の炭焼長者話について問題意識を抱くようになったことの二点が挙げられよう。後者については後で節を改めて検討するので、ここでは前者の三つ石信仰について考えておきたい。

旅に出る前に沖縄関係の文献を読み込んでいたであろう柳田が、家の火の神としての三つ石信仰を知らなかったはずはない。しかし「炭焼長者譚」においてはまったく触れられていない。触れられていないということは、「炭焼長者譚」執筆の段階では、まったく炭焼長者話と関係づけて考えてはいなかったということであろう。それが「炭焼小五郎が事」になると、二枚の写真まで載せ、三つ石信仰について饒舌になるのである。

説く内容は、日と火が同じ音であることから火の神の本願は太陽であったと考え、さらに賀茂信仰において天神の子が雷であるとの伝承をも挙げ、宇佐八幡の本源は天の神を祀ったものであるという自説に導いていくのである。さらに、火と鍛冶と炭との関係に移り、三つ石信仰と、八幡神が顕現したとされる御許山(馬城峰)に聳える大きな三つ石(岩)との関連にまで説きおよんでいくのである。さらには、炭焼小五郎と同じような経緯をたどって長者になったと語る肥後国(熊本県)の米原長者の話を挙げ、この長者の元の名が薦編みの孫三郎であったことから連想をふくらませ、これと、「宇佐神宮の以前の御正体が黄金であつたと謂ひ、薦を以て之を包んだと謂ふ神秘なる古伝」との関係まで、推量しようとしているのである。

このように、証明は困難ながらも火・炭(炭焼)・金属や、宇佐八幡信仰などを必死で関連づけようとし、慎重に断定は避けつつも、炭焼長者話と宇佐八幡信仰とはかつて繋がりがあったはずだということを説こうとしたのであった。

本節では、豊後国の炭焼長者話に現地で接したこと、特に『豊後国満之長者由来記全』と『真名長者実記』の語る話を知ったことによって、炭焼長者の話と宇佐八幡信仰との関係を確信した柳田国男の、炭焼長者話との格闘の跡をみてとることができた。

かくして、豊後の炭焼長者話の主人公の名前である小五郎をとって、論文名を「炭焼小五郎が事」とし、まず豊後における見聞からこの一編を書き起こすことになったのであろう。「炭焼小五郎が事」は、その後の宇佐八幡信仰研究に少なからぬ問題提起をしたことのほか、執筆過程で柳田に昔話研究への開眼を促し、次節で検討するように、その後、日本の昔話研究に夜明けをもたらすことになっていったのである。

四　昔話の「発見」

1　「炭焼小五郎が事」の執筆と昔話への着目

「炭焼小五郎が事」の執筆は、炭焼長者話や宇佐八幡信仰という個別研究への問題提起にとどまらず、日本の人文科学にとってもう一つ重要な意味を持つことになった。それは当時各地においてごく普通の人びとのあいだに盛んに口承されていた昔話を、研究するのに充分価値あるものだと認識させ、柳田の昔話「発見」を刺激したことである。

すでに述べたように、それまでの柳田は、口承文芸の分野では地名や伝説には力を注いでいたが、昔話にはほとんど研究的関心を寄せていなかった。炭焼長者話にも、最初は伝説研究の一環として取り組んでいたように思われる。しかし「炭焼小五郎が事」をまとめる過程において、豊後国の炭焼長者話には、後の昔話研究において「絵姿女房・難題女房型」[32]として分類されることになる内容が、大きなウエイトを占めていることを知ったのである。同時に、全国の炭焼長者話には初婚型のみならず、昔話「産神問答」ともかかわる再婚型の話のあることにも着目したのであった。

「絵姿女房・難題女房型」の昔話は、「烏帽子折」草刈笛由来話にも少し変形した話が含まれているので、もともと柳田がこの種の話を知らなかったというわけではないであろう。しかし「炭焼長者譚」では触れていないので、海南小記の旅以前においては、炭焼長者話と関連させて考えることはなかったとみてよい。

「炭焼長者・再婚型」の話も、「炭焼長者譚」の中で『宮古島旧記』所載の話を紹介しているので旅行以前から知っていたことは明らかだが、特に問題とはせずに一通りの紹介ですませている。少なくとも初婚型の話に対比させて注目していたわけではなかったのである。それが旅の後で、佐喜真興英の『南島雑話』[33]中の「雀の仲人で炭焼長者の妻となった話」や、佐々木喜善採集の再婚型の話を知って、『大和物語』の芦刈の話に通じる話が、相離れた東北と沖縄に現に語られている(あるいは近年まで語られていた)ことに、着目したのである。

このようなことから、「炭焼小五郎が事」をまとめつつ、炭焼長者話には、伝説とも一風異なる文芸の香りある話が多く纏綿していることに思いをいたすようになり、他の昔話と比較してみることの必要性を感じるようになったのだと思われるのである。

ただ臼杵で知った豊後国の炭焼長者話の中に、「絵姿女房・難題女房型」や「炭焼長者・再婚型」の話が含まれていたからといって、柳田が直ちに昔話研究に開眼したのだとまでいうつもりはない。しかし新たにこのような昔話にも関心を抱くようになったとみることは、許されるであろう。世にいうお伽噺や童話とは異なりながら伝説というわけでもない、大人が管理伝承し享受する文芸性のある話というものの存在を、口承の世界に感じるようになっていったのだということである。

「炭焼小五郎が事」の執筆以前には熱心に伝説研究を発表しながら、昔話についてはほとんどまったく発言していなかったにもかかわらず、海南小記の旅以降、とくに「炭焼小五郎が事」執筆以降、柳田には、各地で口承されている話についての発言が急に多くなっていくのである。もちろんそれには、大正十年からヨーロッパに滞在しそこで受けた刺激と学んだ知識も与っているのであろう。

2 昔話研究への開眼

かくして昭和三年四月には、『日本文学講座』第十六巻(新潮社)に、昔話の概説ともいうべき「昔話解説[34]」をまとめるまでになったのである。「炭焼小五郎が事」を発表したちょうど三年後である。そういうわけでここでは、「炭焼小五郎が事」から「昔話解説」までの三ヵ年間の柳田の昔話関係の発言を確認しておきたい。

すでに「炭焼小五郎が事」を擱筆していたであろう大正十四年二月には、「童話――池田大伍氏の新著を読みて[35]」をまとめている。池田大伍編『新訳支那童話集』について感想を述べたものであるが、この中で、童話とは過去に書き記された話ではなくて現に各地で口承されている話のことだと述べている点は重要である。このような視点は、管見のかぎりそれ以前にはみられない。この場合の童話は、後に術語と定める昔話と置き換えてよいもので、短文ながらここには、後の柳田の昔話観が確かに表明されている。しかし当時はまだ、佐々木喜善の『江刺郡昔話』に掲載されたものなどごく一部を除いて、各地の昔話は野に放たれたまま文字に掬い採られてはいなかったのである。

そこで大正十五年の五月と七月には、前年秋に自らが中心になって創刊した『民族』に、編輯者よりの要望として、[36]「昔話を集めて置きたいと思ひます」とか「昔話の種類と変化とを尋ねたい。子供の時から聴いて居て面白いと思つた実例」などというふうに、多くの人に呼びかけ、各地で口承されている話の収集に努めようとしたのである。そしてもうここで、童話やお伽噺ではなく、昔話の語が用いられているのである。

同年には、発起人の一人になって「吉右衛門会《きっちょんかい》」という昔話研究会を発足させるとともに、自らもまた、後に愚人譚・巧智譚・狡猾者譚・形式譚などとして括られるようになる笑話[37]の収集と研究に努めようとした。発足の事情は「吉右会記事[38]」に詳しいが、ここで注目すべきことは、「吉右会記事」が大正十五年五月に発表されたときの題名が、「昔話の新しい姿」だったことである。まだ『桃太郎の誕生』や『昔話と文学』などに収録されることになる本格昔話(完形昔話)の研究に着手していなかったであろう柳田は、新しい昔話としてまず、現実に語られている愚人譚・巧智譚・狡猾者譚などの笑話を考えていたことがわかるのである。各地で思い思いに伝承されている一群の笑話など、それまで誰も研究対象になるとは思っていなかった当時にあって、すでにもう昔話の語でもって囲い込もうとしたのであった。

大正十五年の『中央公論』十月号・十一月号に、「義経記の成長」と「清悦物語まで」を発表して、地域に伝えられていた文芸性豊かな口承の世界を解明しようとしている。その関心や試みも、登場人物の名前を、全国の炭焼長者話でしばしば語られる吉次、「烏帽子折」の吉次延高、『義経記』の金売吉次というように並べてみると、炭焼長者話の研究と決して無縁のものではなかったのである。語りを扱った両論考が、ちょうど昔話への関心の芽生えの時期にまとめられていることは注意しておくべきであろう。

さらに興味深いのは、「義経記の成長」「清悦物語まで」が東北旅行の見聞をまとめた『雪国の春[39]』の最後に、紀行文・見聞記類とは性格の異なる「東北文学の研究」という論考の形で収録されていることである。『海南小記』における「炭焼小五郎が事」の扱いと同じだといってよく、「炭焼小五郎が事」「東北文学の研究」には、これからは、地域で語られている大人の管理する口承の話を研究してみようという意気込みが、表われているように思われる(40)。

昭和二年二月には「農民文芸と其遺物(41)」をまとめて、昔話にかぎらず、地域において現に存在している文芸性豊かな口承の世界に注目することの重要さを説き、同年五月には、中田千畝『和尚と小僧』の書評を引き受けて「祖父母の寝物語　文化史的な『和尚と小僧』」を発表した(42)。後者では、そのタイトルにあるように、各地域各家庭において語られているごく普通の話(この場合は『和尚と小僧』という笑話)の、日本文化史上の意義を説いているのである。

昭和三年三月になると、先に触れた『民族』の編輯者の要望に応えて投稿されてきた話の一つである嬉野英秋「上巳の節供の由来(昔話)」に対し、編者云(43)という形で、蛇聟入りや蛙報恩など、現在異類婚姻譚(ここでは異物婚姻と表現されている)として括られている昔話について、自説を開陳するまでになっている。柳田の中で、すでに昔話への関心が充分に高まっていたことのよくわかる内容である。児童向けの書物ではあるが、この年には、二年後に発刊されることになる『日本昔話集・上(44)』も書き継がれていた。

以上辿ってきたように、「炭焼小五郎が事」執筆によって昔話研究の意義を感得してから三年間、昔話に関するさまざまな発言を経て、「昔話解説」が、昭和三年四月に発表されることになったわけである。

「昔話解説」の中ではまだ、現在、昔話の概念として説かれるような、語りにさいして発端句と結句を備えていること、聞き手の相槌が伴うこと、伝説と比較して語りの形式が定まっていてその形式が変化しにくいこと、伝説のように信じられてはいないが内容が興味深いので受容されていることというようなことが、整然と述べられているわけではない。完形昔話と派生昔話という分類にも、話型にも言及されていない。そういう意味では昔話概説として充分に熟した内容にはなっていないのであるが、それでも発端と結末の語り方にはいくらか注意が向けられているし、主人公が異常な誕生と成長をする一群の話がみられる、という内容上の特徴も挙げられている。さらに笑話の成立も論じられていて、一通りの昔話論にはなっている。柳田がすでに昔話というものが研究対象になりうることを充分に認識し、昔話研究への意欲と見通しを持ち始めていたことをみてとることができるのである。

広く童話・お伽噺が愛され外国昔話の翻案物が読まれてはいても、一般市民はもちろんのこと、研究者においてもいまだ、国内の各地域各家庭において盛んに口承されている(あるいは口承されていた)話の、あまりにも卑近であるがゆえに日本文化史上の重要さにまで思いいたっていなかった当時にあって、「昔話解説」は、掲載された「日本文学講座」の性格上、多くの研究者に研究対象としての昔話の存在を強くアピールすることになったことであろう。

それからは、よく知られているように柳田は、昭和五年一月以降(ということは多くはすでに四年のうちに構想し一部は執筆されていたのであろう)、驚くべき精力で「桃太郎の誕生」や「絵姿女房」など、『桃太郎の誕生』[45]その他に収録されることになる諸論考を発表していくのである。そして、民俗学のみならず日本の人文科学の研究の幅を広げていくことになったのである。

おわりに

柳田国男は少なくとも大正七年末には炭焼長者話に関心を持っており、大正九年末には「炭焼長者譚」をまとめて、九州東海岸から南西諸島への二ヵ月におよぶ海南小記の旅に出発した。そして大正十四年春には、その旅の成果を『海南小記』としてまとめ、その中に「炭焼小五郎が事」を収録したのである。

旅の前と後とにまとめられた「炭焼長者譚」と「炭焼小五郎が事」を比較してみると、同じ炭焼長者話を論じたものでありながら、内容は大きく異なっている。増補という程度のことでもなく、新聞への寄稿文と論考との違いというものでもない。

「炭焼小五郎が事」においては、炭焼長者話は豊後国臼杵地域周辺が発祥の地であろうという仮説、宇佐八幡信仰と炭焼長者話との間にかつて緊密な関係があったであろうという仮説、および昔話「炭焼長者・再婚型」への積極的な言及など、海南小記の旅以前にまとめられた「炭焼長者譚」ではまったく触れられることのなかった諸問題が、提起されている。これらが、海南小記の旅において獲得していったものであることは明らかである。

さらに「炭焼小五郎が事」執筆の過程で、文芸性豊かな口承の世界に心惹かれ、昔話「炭焼長者・再婚型」などの分析をとおして、柳田は、地域のごく平凡な人びとの間に語り継がれている(あるいは語り継がれていた)昔話が、材料としても対象としても日本文化史研究に充分価値あるものであることを「発見」し、日本における昔話研究への道を拓いたのである。

その主張には、研究の進展によって現在認められていないものも多いが、「炭焼小五郎が事」は、日本の人文科学に大きな一石を投ずる研究だったのであり、さらにその執筆は、昔話研究の曙をなす研究活動だったのである。

註

(1) 上田は、現在でいう昔話・伝説をすでに、1娯楽としてのお伽噺・笑話などと、2真実として話す神話・伝説というように分けて考えようとしていた(『定本上田敏全集』九、教育出版センター、昭和五十四年)。巌谷は、『日本昔噺』(明治二十七~二十九年)のほか、『日本お伽噺』(明治二十九~三十二年)、『世界お伽噺』(明治三十二~四十年)などをまとめている。高木には、『童話の研究』（大正五年）などがある。なお、近年、高野辰之の昔話研究も注目されている（藤井倫明「高野辰之の童話研究」（日本口承文芸学会『日本口承文芸研究』四〇号、平成二十九年）。

（2）「炭焼小五郎が事」（『海南小記』〔『柳田国男全集』三〕）。

（3）「口承文芸大意」（『岩波講座日本文学』昭和七年。昭和二十二年に「口承文芸とは何か」として『口承文芸史考』に収録〔『柳田国男全集』一六〕）。

（4）前掲註（3）『口承文芸史考』三八四頁。

（5）「地名雑考」（『歴史地理』一五―二～二〇―二、明治四十三年～大正二年。『地名の研究』〔『柳田国男全集』八〕の「地名考説」の中に収録）。

（6）柳田の新語作成・地名への関心については、拙著『名づけの民俗学』（吉川弘文館、平成二十六年）において、いくらかたどっておいた。

（7）『地名の研究』（『柳田国男全集』八）。

（8）前掲註（3）『口承文芸史考』中の「昔話と伝説と神話」。

（9）「蝸牛考」（『蝸牛考』〔『柳田国男全集』五〕）。

（10）「聟入考」（『婚姻の話』〔『柳田国男全集』一七〕）。

（11）体系化の努力は『民間伝承論』（昭和九年）や『郷土生活研究法』（昭和十年）（いずれも『柳田国男全集』八）として結実している。

（12）集積した資料は、例えば『歳時習俗語彙』（昭和十四年）、『分類山村語彙』（昭和十六年）というように、分野ごとに多くの「分類習俗語彙」として結実していき、昭和三十一年に『綜合日本民俗語彙』（全五巻）として、一応の達成をみる。

(13)「山村調査」とは、柳田国男を中心とする郷土生活研究所の同人が、昭和九年五月から同十二年四月までの三ヶ年間にわたって、全国六十箇所余の山村を選んで行なった民俗調査である。詳しくは、その成果報告書である『山村生活の研究』(昭和十二年。国書刊行会、昭和五十年復刻刊行)や、比嘉春潮ほか編『山村海村民俗の研究』(名著出版、昭和五十九年)、拙稿「「山村調査」の意義」(『成城文藝』一〇九号、昭和六十年)参照。

(14) 高木昌史編著『柳田国男とヨーロッパ　口承文芸の東西』(三交社、平成十八年)。口承文芸にかぎらず、この時期の柳田の学問の変化については、永池建二「柳田学の転回――大正から昭和へ――」(『柳田国男・ジュネーブ以後』三一書房、平成八年)など。

(15) 柳田の昔話関係の仕事は、昭和二十三年に監修した日本放送協会編『日本昔話名彙』をもって一通り終わりを迎えたとみることができる。それまでの成果についてここでいちいち述べることはしないが、『定本柳田国男集』(筑摩書房の第六巻(昭和三十八年)・第七巻(昭和三十七年)・第八巻(昭和四十四年)には、昔話関係の成果がまとめて収められている。

(16)「山荘太夫考」(『物語と語り物』〔『柳田国男全集』一五〕)。

(17)『海南小記』(『柳田国男全集』三)。この書名については、第六章でいくらか触れるつもりでいる。

(18)「炭焼長者と芋堀長者」(『柳田国男全集』二五)。

(19)「炭焼長者譚」(『柳田国男全集』二五)。

(20) 炭焼長者の名前を「まののちょうじゃ」と呼ぶ場合、表記は真野長者のほか、資料によって真名長者・満野長者・萬之長者・万の長者・満能長者・満之長者など、さまざまである。以下、統一せずにそれぞれの資料の表記にしたがう。

(21)「炭焼長者譚」(『柳田国男全集』二五)四五六頁。
(22)「炭焼小五郎が事」(『柳田国男全集』三)三四二・三四三頁。
(23)近年の昔話研究の進展によって、炭焼長者話は韓国や中国にも存在していたことが判明しており(例えば福田・金・百田編訳著『鉄文化を拓く「炭焼長者」』)、現在では、柳田が推量したように豊後国発祥だと考えられているわけではない。
(24)柳田国男記・酒井卯作編『南島旅行見聞記』(森話社、平成二十一年)。
(25)『豊後国満之長者由来記全』『真名長者実記』の両書は成城大学民俗学研究所「柳田文庫」に所蔵されており、『諸国叢書』二四輯(平成二十二年、同研究所編)に、それぞれ『満之長者一代記』『真名長者実記』として復刻刊行されている。
(26)伊東東は、その後晩年にいたるまで柳田と交流があったが、伊東の人となりと両者の交流については、前掲註(25)『諸国叢書』二四輯の解題参照。
(27)「炭焼小五郎が事」(『柳田国男全集』二五)三四八頁などの臼杵周辺の事情は、これらに基づいている。
(28)前掲註(25)『諸国叢書』二四輯の解説(小島瓔礼執筆)にもあるように、日名子実三は、柳田も出席した大正十五年二月十六日の神田一ツ橋学士会館における「きつちよむ研究会」に出席し、その記録をまとめた『人文』創刊号(同年五月)に、柳田の「きつちよむ話研究の目標」などと並んで、日名子の「生きてゐるキツチヨム」が掲載されている(『柳田国男全集』二七、六二〇頁参照)。また、柳田の「吉右会記事」(『笑の本願』(『柳田国男全集』一五)、一九七頁)にも、「日名子実三氏は臼杵城下の旧い家に生れ」として紹介されている。
(29)前掲註(23)とも関係するが、以下まとめる柳田の炭焼長者話と宇佐八幡信仰との関係説は、現在、研究者間でそのまま認められているというわけではない。例えば、八幡信仰に関する代表的な論考を集めた中野幡能編『八幡信仰（民衆宗教史叢書・2）』（雄山閣、昭和五十八年）では、柳田の論がほとんど認められていない上に、それまで柳田説に共鳴してきた西郷信綱も「八幡神の発生」の中で、柳田説に疑義を呈しているのである。

(30)「玉依姫考」（『妹の力』〔『柳田国男全集』一一〕）。最初は『郷土研究』四巻一二号（大正六年）に川村杳樹というペンネームで発表された。

(31) ただし、古代日本において日と火が同音でなかったことは、国語学の音韻研究において証明されている。また、沖縄では太陽はティダ、火はフィー・ピーと呼んで使い分けているので（古家信平『火と水の民俗誌』吉川弘文館、平成六年、七三頁）、現在、柳田のこのような考えは否定されている。

(32) このような分類は、関敬吾『日本昔話大成』一二（角川書店、昭和五十三年）による。

(33)『南島説話』（炉辺叢書、郷土研究社、大正十一年）。

(34)「昔話解説」（『昔話覚書』〔『柳田国男全集』一三〕）。

(35)「童話」（『柳田国男全集』二六）。

(36)「編輯者より」（『柳田国男全集』二七）七四・一〇三頁。

(37) 笑話のこのような分け方は、関敬吾『日本昔話大成』八・九・十（角川書店、昭和五十四・五十五年）による。

(38)「古右会記事」（『笑の本願』〔『柳田国男全集』一五〕）。

(39)『雪国の春』（『柳田国男全集』三）。

(40) このような関心のなかで、第五章で述べるような「鬼三太残齢記」が収集されていくのである。

(41)「農民文芸と其遺物」（『青年と学問』〔『柳田国男全集』四〕）。

(42)「祖父母の寝物語」(「『和尚と小僧』―中田千畝―」『退読書歴』に収録(『柳田国男全集』七))。
(43)「編者云」(『柳田国男全集』二七)四六六〜四六九頁。
(44)『日本昔話集・上』(『日本昔話集』(『柳田国男全集』五))。
(45)『桃太郎の誕生』(昭和八年『柳田国男全集』六)。

第四章　「桂女由来記」の使用文献

はじめに

これまで述べてきたように、柳田国男は伝承の持つ豊かさに着目し、全国各地の伝承文化の比較を通して日本文化の研究を進めてきたのであるが、同時にまた、文献資料を博捜し活用したこともよく知られている。例えば晩年近くの新国学談三部作(1)も、伝承からヒントを得たり厖大な伝承資料の知識を背景にしながらも、多くの文献に依拠して立論したものであった。伝承が文字として掬い採られることのいまだ少なかった大正時代までの研究には、とくにその傾向が強かった。しかし、これまで幾多の柳田研究が発表されながらも、個々の論考がいかなる文献資料を用いどのように構成されているのかを、ある程度細かく分析したものは見当たらない。論考のスタイルが、現在のように、資料の出典をいちいち頁まで明示しながら書き進めるというものではなかったため、困難な作業であるからであろう。しかし柳田の立論の過程を知るためには、ぜひ試みる必要のある課題である。

本章の目的は、いまだ不分明な箇所も少なくないが、大正十四年五月に雑誌『女性』に発表され、何の註もなく資料の典拠もほとんど示されていない「桂女《かつらめ》由来記《ゆらいき》(2)」において、いかなる文献がどのように駆使されているのかをたどり、柳田の文献資料利用の一端を明らかにしようとすることにある。

桂女とは、古く神功皇后の三韓遠征にかかわり、のちに皇后から応神天皇出産時の腹帯もしくは産被《うぶかつぎ》を授けられたなどという由緒伝承を持つ、女系の一団である。その伝承を背景に、中世には権門勢家に出入りして婚姻、出産、年中行事に関与し、さらには有力武家の出陣のさいにも呪術儀礼的役割を担っていた。かつ、時季には権門に鮎（鮎鮓）や飴を献上し、市中においても鬻いでいたようである。近世に入って次第にその力を必要とされなくなりながらも、近世期末までは、とにかく、ほそぼそながらも伝統に沿って呪術儀礼的役割を果たしていたのであった。

その多くが山城国の上桂村・下桂村（現・京都市西京区）に居住していたことから桂女と呼ばれたのであるが、上鳥羽村（南区）にも居り、伏見にもいたという。桂女というのは当然女性であり、世襲の役務であったが、桂女としての活動は常に夫など身近かな男性（侍と呼ばれていた）とともになされていたようである。

大正二〜三年、『郷土研究』に「巫女考」を連載したあと柳田は、大正時代の中後期に、後年『妹の力』に収められた女性の霊力を追求するいくつかの論考を発表している。桂女も、中世近世には特殊な由緒を持つ霊力ある女性職能集団として活動していたわけであるから、当時の柳田の研究関心の範囲内の問題であった。これから述べていくように、柳田は、大正八年末から同九年初めに桂女関係の資料収集にとりかかったものと思われ、五年後の大正十四年春に「桂女由来記」として結実したのである。

柳田の多くの著作の中で、書き下ろしの書物はそれほど多いわけではない。専門誌総合雑誌を問わず一度は何かに発表した論考を、後に同じ主題のもの同士一冊にまとめて世に問うた著書の方がずっと多いのである。柳田の考えは、そのように一冊の書物になることによって一般に広く受容されていったのである。そういうなかにあって「桂女由来記」は、どういうわけかついにどの著書にも収録されることのなかった論考である。昭和四十四年に『定本柳田国男集』第九巻に収められるまでは、あまり知られることのなかった論考であり、そういう意味では柳田の代表的論考というわけではないかもしれない。とはいえ、かつて権門勢家に出入りして一定の呪術儀礼的役割を果たしていた桂女の営為の一端を明らかにしたものであり、文化史研究上疎かにできない内容を含んだ論考である。

「桂女由来記」全体については同論考をお読みいただくしかないが、要するに、権門勢家への影響力が弱まりつつあった（すなわち霊力が必要とされなくなりつつあった）近世期の桂女の実態を描こうとしたものである。

内容は大別して、二つから成る。一つは、平素は農業に従事しながら正月などに京都の権門に出入りしていた、上桂村・下桂村の桂女の一団の活動を明らかにしようとしたことである。もう一つは将軍代替わりのときをはじめ、しばしば江戸に出かけて将軍家に拝謁を乞い、金銭物品を受けていた上鳥羽村の桂女が、正徳六年（一七一六）に江戸において亡夫の弟に殺害されたという事件をめぐる上鳥羽村の桂女の実情を述べる内容である。

二つから成るとはいえ、全体の構成は、二つの内容を交錯させながら叙述する形がとられている。

さて、同論考の依拠資料であるが、著者のみるところ、上桂・下桂両村の桂女一団についての説明には、もっぱら成城大学民俗学研究所「柳田文庫」所蔵の「諸国叢書」の一冊としての、『桂女文書』に含まれる資料が用いられている。この『桂女文書』は柳田自身が編纂したものである。(3)もう一方の上鳥羽村の桂女についての記述は、『祠曹雑識』巻二十六(4)および『家伝史料』巻七(5)の桂女関係の資料に依るところが大きい。

以下、これらの資料と柳田の収集経緯について説明したあと、「桂女由来記」の、どの部分がどういう資料を下敷きにして叙述されているのかをみていきたい。

一　『桂女文書』の内容と資料収集

「諸国叢書」の一冊としての『桂女文書』は、縦二十四・五センチ、横十六・五センチの和装本で、白紙の部分も含め半紙七十九枚が袋綴になっている。薄茶色の絣のような模様のついた和紙の表紙がつけられ、表紙左上に「諸国叢書　桂女文書」という題簽がある。

『桂女文書』の内容をすべてここで紹介すればよいのであろうが、長くなるのでそれはできないので、可能なかぎり内容がわかるように書き進めていきたい。内容は、長短や記述の仕方に差はあるものの、性格上次の六種に分けることができる。

A　京都の上桂の原田・岡本両家に所蔵されていた文書の写し。
B　大正九年現在、上桂に現存していた桂女の子孫一覧。
C　長屋基彦の柳田国男宛書状。
D　A・Bを読んで柳田が考えたこと(「私考」として箇条書ふうにまとめられている)。
E　A・Bの資料の筆写後に柳田が収集した資料の抜粋や、それらに基づいて考えた桂女についてのメモ。
F　A・B・Eにつづけて、今後調査の必要を感じていた事柄や読む必要があると思った文献リスト。

以上であり、A～Fの順に配列されている。A～Fを敷衍していこう。

Aは、『桂女文書』の主体をなす資料で、袋綴五十二枚にわたっている。柳田が上桂の原田・岡本両家所蔵の文書を筆写整理したもので、自らの便のためにつけた目次によれば、Aは次のような内容を含んでいる。下の（　）内は著者（私）の補。

一、書留綴	宝暦―寛政	原田角太郎蔵	（所司代への参上日や献上品の内容）
二、桂姫名前帳	享和―文政	同	（侍番も記されている）
二ノ二、書留綴	享保　文化	同	（桂女の番帳と献上品の控）
三、桂姫名前帳	文政―天保	同	
四、桂姫侍番帳	嘉永―安政	同	
五、桂姫諸入用覚帳	嘉永―安政	同	
六、桂姫控覚帳	安政―万延	同	
七、桂姫控帳	文久	同	
八、桂姫名前附并献上物控帳	元治―慶応	同	
九、桂姫侍名前附同	明治二年	同	
十、雑綴　請取書等		同	（献上先と献上品の控）
十一、桂姫謂書		同	（桂女の由緒）
十二、目安書案三通		岡本太三郎蔵	（桂女の名前や由緒など）

『桂女文書』によると、桂女は江戸時代の前期、明らかなものだけで上桂村・下桂村・上鳥羽村に計十三家あり、他に伏見にもいたようである。そのうち、Aの資料によると、享保七年(一七二二)段階で上桂村には十家存在していた。それが近代に入って大正九年には五戸に半減してしまっていたのであるが、五戸中の原田角太郎家所蔵の宝暦十三年(一七六三)から明治二年にいたる文書十数点と、同じく五戸中の岡本太三郎家所蔵の享保七年などの文書三点を筆写したものが、Aの内容である。(6)

Aの原資料は、長屋基彦の柳田宛書状(右の類別のC、後述)によって、長屋が桂在住の神田菊之助の助力を得て原田・岡本両家から借用し、柳田に送付したものであることがわかり、柳田はそれを手許に備えるべく筆写したのである。書状の日付は二月二十五日である。年は記されていないが、『桂女文書』の内題の横に「大正九年三月　柳田国男写」とあることからみて大正九年の二月二十五日のものであるならば、書状とともに資料を受け取って直ちに筆写を完了させたことになる。その可能性は高く、両家の大切な文書ということで、長屋から閲覧の上返付することが求められていたから、急いで自ら筆写したのであろう。また、長屋が比較的素早く柳田の求めに応じたとするならば、柳田は大正八年末から同九年初頭に依頼していたものと思われる。貴族院書記官長辞任前後のことであった。

したがってAは、京都の上桂在住の桂女の家筋である原田・岡本両家の文書を、長屋基彦の斡旋によって柳田が披見し、大正九年三月に筆写し保存したものということができる。

Bは、大正九年二月当時、上桂に現存していた桂女の子孫家一覧である。これも原田・岡本両家の文書と一緒に長屋から送られてきたものの写しであろうか。あるいは、岡本家文書を参考にして柳田が作成したものかもしれない。いずれにしてもそのどちらかであるのは間違いない。

Cは、A・B(あるいはAのみかもしれない)の送付資料に添えた、長屋基彦の柳田宛書状の写しである。巻紙か何かにしたためられていたものを、柳田がＡ・Ｂの諸資料と同じ形式に書き換え、Ａ・Ｂの関係資料として『桂女文書』に加えたものであろう。書状には桂女についての情報も記されているので、その全文を掲げておこう（句読点は引用者）。

前略　桂村ニは現に其子孫残れる者数戸有之候。其内岡本原田の両家にハ、遺物書類等相伝居候。別封朱印の書類は岡本に伝居候ものニ御座候。此外、綿帽子の古ひたる如く見ゆるもの麻布にて作れる旗之如きもの、是ハ別封の物と同物かと存候。紹ニて作れるかづきと存候綿帽子ハ、応神天皇の繦など申居由ニ御座候。原田氏に伝□分ハ悉く御送附申上候間、御覧の上御返附願度候

今回の穿索ニ付てハ、桂村神田菊之助と申竹林事業ニ精通致居老人有之、其者の力により多事多大に御座候。この人この頃還暦の詩歌を集め居候、題ハ自己の名（神）田菊之助と申候ニより寄菊祝又竹林に因ミて寄竹祝と定め居候間、今回の労に報いる為、御短冊一葉御与へ被下度候。先ハ要旨のミ如斯御座候。（（　）内は引用者の補）

二月二十五日

先にも触れたとおり、この書状によって、Ａの文書が、長屋基彦が神田菊之助という老翁の協力を得て、桂村（この場合は上桂村）の原田・岡本両家から借用して柳田に送付したものであり、当然のことながら、閲覧の上（なるべく早くに）返付することが求められていたことがわかるのである。したがって柳田も急いで自ら筆写したのであろう。それはそれとして、この書状によって、柳田が自ら上桂の原田・岡本両家を訪ねて文書の披見を乞うたのでないことがわかる。同時に、「桂女由来記」の中で、「御綿帽子は…原田岡本の両家にも之を伝へ、現に私は其一つを見た」(7)と述

べていることも、両家へ足を運んで見せてもらったのではなく、長屋から両家の文書とともに送られてきた綿帽子を実見したことによる記述であることがわかるのである。

柳田が長屋からの書状を写しとってわざわざ『桂女文書』に加えたことは、A・B（あるいはAのみかもしれない）の資料の出所を示しておきたかったからであろう。なお長屋基彦は、「桂女由来記」に述べられていることから、上桂村の近くの松尾神社（現・松尾大社）の宮司だったことがわかる。(8) 余談ながら、長屋が、協力してくれた神田菊之助のために柳田の短冊を乞うているのも、当時の、この種の助力へのお礼のあり方を知る上で興味深い事実である。

Dは、A・Bを筆写したあと資料を読み直した柳田が、その所見を「私考」としてメモふうにまとめたものである。Aの文書を読んだだけの大正九年三月頃段階での、すなわち、後述するような関係資料を渉猟する以前の柳田の桂女についての所感として興味深いので、少し長くなるが全文を紹介しておく（句読点は引用者）。

一　上桂村ノ桂女ノ家ハ、大正九年現在五戸ナリ。之ヲ享保七年ノ文書ト比スルニ、大八木氏四戸、中村氏一戸ヲ滅ス、之ニ先ケテ元治慶応ノ頃ハ既ニ八家ナリ、天保ノ頃ハ九家、従ツテ十家ヲ古来ノ制トハ認メカタシ。（引用者註：享保七年は一七二二年、元治慶応は一八六四〜一八六六年、天保年間は一八三〇〜一八四三年）

一　家ニ丁女ヲ存セザル場合ニハ、一時姫ノ番ヲ脱シ、男侍役ノミヲ勤メタルコトモアリシカトオモハル。

一　桂姫ノ名乗ハモト家ニ定著シタル筈ナルニ往々ニシテ享保ノ書上ト合ハス。例ヘハ地蔵は粟津氏ニテ、大八木某ハ赤地蔵ナルニ、之ヲモ只地蔵トカケルアリ。中村氏ハまこ、大八木氏ハいせまこナルニ、之ヲ取チカヘタル帳面アリ、ひやくヲしやくトモ書ケルアリ。家主之ヲ誤ルトハオモハレサルモ世話人ハ屡々之ヲ忘却セシモノカ。之ヲ以テ見ルモ此名ハカド立チタル折ノミ用ヰラレシコトヲ知ル。

一　又コノ十戸ノ内ニモ多少文字ナトアリテ、自然代表者ノ地位ヲ立チシモノアリシナランカ、文書ノ若干ヲ保存セシ「於たけ」「とくわり」ノ二氏ノ如キハ即チ是ナルヘキカ。

一　言継卿記ニ桂女夜叉アリ、此の家ナトハ絶エシナランカ。（引用者註：夜叉の家については後述）

一　桂川地蔵記アリ、桂女ノ地蔵ノ名之ト因ム所ナキカ。

一　岡本文書ヲ見ルニ桂女ニモ家々檀那ノ如キモノアリシナリ。之ヲ合体〆、順持トシタルハ収入減少ノ結果ナルヘク、最初ヨリ姫三人侍一人トイクカ如キ組ノ制ハ存セサリシナラン。

一　所司代拝礼ノ如キハ、モトハ銘々共ニ勤ナシナラン。

一　天神の神主□□トアルト、高辻唐橋等ニ限リテ行クトハ何カ因縁アルベシ。

右のような「私考」を記した段階で、すでに、桂女に関する論考をまとめる構想が固まっていたのか否かは明らかでないが、「私考」の中には「桂女由来記」において披瀝することになる考察も含まれており、柳田の論考作成過程を知る上で、興味深い資料といえよう。そして、このような問題意識を維持しつづけたことが、次のEの資料収集を促すことになったのだといえる。

Eは、A～Cを筆写しDの「私考」を記した以降において収集した桂女関係資料の抜粋や、新たに収集した資料によって深めた考えのメモで、その大部分は、大正十一、二年に記されたものかと思われる。なお、A～Dはすべて毛筆でしたためられているが、Eはペン書きである。

「大正十一年日記」(9)によれば、柳田は、国際連盟委任統治委員としての欧州赴任から一時帰国していた大正十一年の二月三日から同十六日まで、大阪・神戸・呉・広島・浜松の各地へ講演旅行に出ている。そのさい京都にも五泊し、桂村にも十一日にちょっと立寄ったことがわかる。前々年に筆写した桂女関係の文書（すなわちA）の内容が念頭にあったからであろう。

Eには文献資料のほかに、その旅行のメモが「大正十一年二月十一日一見記」として含まれており、「桂女由来記」をまとめるにあたっては、このようなメモも利用されているのである。例えば「桂女由来記」の「大正十一年の紀元節の日に、私は西川の村を逍遥して、図らず此家（引用者註：上桂のひやくと称した桂女の家筋である大八木家をさす）の前を過ぎたことがある。注連を引いた昔風の住居で、折から戸に立つていた老女の姿までが、多くの空想の種を私には与へた」[10]という記述が、その「一見記」の「大八木寅吉、家ニシメカケタルコト、老女上品ノ者」というメモから生れていることがわかるのである。

そして紀元節の翌十二日には京都市東六条在住の橋川正[11]を訪ね、橋川が記してくれていたノートから、下桂の桂女関係の文書を写しとっている。そして、昼の話だけでは話し足りなかったのか、夜には逆に橋川が柳田の止宿先の京都ホテルを訪ね、再び桂女について意見交換をしている[12]。

この十二日の昼夜二回にわたる橋川との話し合いは、柳田の桂女研究に大きな影響を与えることになった。橋川を訪れた際にたまたま話題が桂女におよんだのではなく、柳田が前もって桂女のことを質問すべく橋川を訪ねたことは間違いない。Eの最初の資料である「就御尋口上書」の最初に、「橋川正君手帖ヨリ　大正十一年二月十二日」と記されていることから、そう推測できるのである。橋川は前もって要請されていたため、桂女関係の資料を、恐らく下桂の桂女宅（小寺家）を訪ねて手帖に写しとって準備し、柳田の来訪を待っていたというわけである。

橋川の教えた「就御尋口上書」という資料は、寛政四年（一七九二）に下桂村の桂女の子孫と伝えられる小寺宇兵衛が、松村三郎左ヱ門という者に宛てて提出した小寺家の由来書である。ここには、当家の桂女（勝浦姫と呼ばれていた）は昔から孫夜叉姫と称していたが、その由緒書などは八十五年ほど前に焼失してしまったので所蔵していない。しかし、神功皇后より伝えられたという帽子だけは今（寛政四年）でも所蔵しているということや、三十年ほど前までは京都所司代や京極宮などへ年頭の祝儀言上に出ていた、というようなことが記されている。このとき橋川は、小寺というのは下桂村の在来の姓であり、この家には現在、この文書とともに桂女の被衣なども珍襲しているが、他人にはめったに見せない旨を説明したようである。

柳田は、A・Bの文書を見た大正九年の段階では、現存の桂女家については、まだ上桂の十家の後裔（五家）の存在しか知っていなかった。そのことは、Dの「私考」に、『言継卿記』に出てくる夜叉という桂女の家筋がこの十家に含まれていないことを不思議に思って、「言継卿記ニ桂女夜叉アリ、此家ナトハ絶エシナランカ」と記していることから明らかである。それが大正十一年二月に、橋川宅で「就御尋口上書」の写しを見たことによって、この下桂の小寺家こそが夜叉という桂女の系統の家であろうと判断したのである。橋川の協力を得て、桂女は上桂のみではなく下桂にも現存していること、しかも下桂には、中世の『言継卿記』に登場する夜叉という桂女の後裔家の存続していることが判明したわけである。桂女研究への意欲が一挙に拡大したことは想像に難くない。

桂女研究を発起した柳田は、右にみてきたように、まず地元の知りあい（長屋基彦・橋川正）を通して、桂女後裔家が家蔵する資料の収集に着手したのであった。

そのあと柳田は、『家伝史料』などを繙いて、桂女の家筋が、かつては上鳥羽にも存在していたことを知る。Eにはペン書きによる『家伝史料』の抜粋メモが含まれているので、柳田の知識量の増えていったことがわかるのである。『家伝史料』のほか、Eには『翁草』や『山城名勝志』『親俊日記』『愚管記』『葉黄記』『花鳥余情』『山州名跡志』『六百番歌合』『看聞御記』等々から抜粋したメモも含まれており、京絵図（「貞享京総図」）に当たったこともわかる。

このようにEからは、多くの文献にあたっていたことがわかるのである。ただここには、後述する『祠曹雑識』の名はないので、『祠曹雑識』の内容については『桂女文書』の編纂後に気づいたものかと思わざるをえない。

最後のFは、「タツヌベキ事柄」として、A～Eを踏まえ、桂女研究上今後さらに調査しなければならないと思っていた事柄や、当たらねばならないと考えていた資料に関する覚書である。「地頭ノ小堀家ノコト」「桂川地蔵記ノコト」「桂供御人ノコト」「武家名目抄、出産婚姻ノ条」「貞丈雑記」「安斎随筆」その他、多くの事柄と書名がメモされている。「桂女由来記」にはこれらの利用の跡もうかがうことができるので、その後柳田はこれらのいくつかにも当たったのである。

二　『家伝史料』と『祠曹雑識』

柳田は、先のA～Dの段階（大正九年前期）では、いまだ上桂村の桂女のことしかわかっていなかった。その後大正十一年二月に橋川正に会って（Eの段階）初めて、下桂村にも桂女の後裔家の存在することを知ったのである。しかしこの段階においてもまだ、近世期に上鳥羽村にも桂女がいて、この桂女は、すでに江戸期にほとんど農民化していた上桂村の桂女とは異なって、機会あるごとに江戸に出向いて将軍家との繋がりを述べたてていたことまでは、知っていなかったのである。そのことが判明したのは、橋川に会ったときから、さらに後に読んだであろう『家伝史料』においてである。

『家伝史料』巻七の「山城国紀伊郡上鳥羽村　桂女由緒聞うつし并僻案下書」には、桂女が神功皇后から産被を拝領したという由緒や、その産被の説明、江戸出府にさいしてはそれを活用して桂女であると高言していたこと、江戸滞在時の桂女への幕府の待遇など、Aの文書や橋川正の情報からは知りえなかった事柄が多々記されているのである。さらに同書同巻の「桂女薩州江参候由来　伊集院主水より差出候勝浦姫由来之事」には、薩摩が桂女の力（おそらく霊力）を求めて一人の桂女を移住させていたことなども述べられており、このことも「桂女由来記」の中に紹介されることになった。このように『家伝史料』は、「桂女由来記」の中の上鳥羽村の桂女についての有力な情報源となった資料集なのである。しかし、後述する桂女殺害事件のことは記されていない。

冒頭でも述べたとおり、「桂女由来記」は大正十四年五月に、当時の教養ある女性を読者対象にしていたという『女性』誌上に発表されたが、書き出しは、次のような流麗な文章で始まっている。

以前京都の初春を艶ならしめたものに、桂女（カツラメ）と称する、一団の女性があつた。類を同じくする他の多くの部曲が、夙に漂遊の途に上り、果知らぬ旅を続けて居たに反して、不思議な愛着を以て故郷の土に親しみ、桂川の水の流の、千年の変化をよそに眺めつゝ、静かに伝統の生活を送つて居た。併し現代の物を忘れる力には、どうしてもかなはない。彼等もいつと無く自分を只の百姓と考へるやうになつた。次第に遠ざかつて行く中世の後姿が、もう寸刻も我々の為に、彳んではくれぬのである。(13)

このように述べた柳田は、つづけて、乏しい記録ではあるが今まで手許に集め得た桂女関係資料によって、ひとまずその生活を辿っておきたいというのである。そしてそのあとすぐ、次のようなショッキングな事件について述べている。

桂女は本来山城桂の里に住んで其名を得たのだが、江戸の幕府に出入りをした桂女だけは、京の南の、上鳥羽村に住する、中沢と云ふ家の女主であつた。或は又格式を誇つて桂姫とも名のつて居た。
正徳六年閏二月十三日の朝、深川黒江町の家主市郎兵衛の借家に於て、この桂姫が殺されたことがある。其一件記録が、寺社奉行の文書に残つて居て、最初に私の心を動かしたのである。（傍点は引用者）

「最初に私の心を動かした」というこの記述からは、正徳六年（一七一六）の桂女殺害の記録に衝撃を受けて、初めて桂女研究を思い立ったように読みとれるが、はたしてそうだったのであろうか。執筆上の一種のテクニックかと思われ、著者にはいささか疑問である。

桂女殺害の一件記録が残されているという寺社奉行の文書とは、何か。A～Eの中には出ていない。柳田は明記していないが、実は『祠曹雑識』なのである。『祠曹雑識』巻二十六の「桂姫ノ御由緒及一二ノ証説ヲ記シ末ニ正徳ノ異事ヲ附載ス[14]」には、上鳥羽村の桂女の由緒と、徳川将軍家の三河在住時代から天明八年（一七八八）までの徳川家との親密なつながりなどを縷々説明したあと、つづけて、溯る正徳六年閏二月十三日に下男下女を伴って江戸に来ていた桂女（四十七歳）が、同じく一緒に出府していた亡夫の弟中沢藤右衛門によって殺害された一件を、

深川黒江町市郎兵衛店ニ致借宅罷在候処、昨朝六時右藤右衛門桂姫ヲ差殺シ藤右衛門モ　吭一个所致自害候

と記している。このあと、奉行が、桂女に同道してきた下男下女や家主などから事情聴取した結果が説明されているが、被害者加害者両者がともに死んでしまったために、結局は、殺害事情の詳細はわからずじまいだったようである。

さて、著者(私)が考えるには、柳田が述べるように、もし最初にこの一件記録に心動かされて桂女研究に着手したのであれば、すでに述べた『桂女文書』中のDの「私考」やEの渉猟資料メモの中に、桂女殺害の件や『祠曹雑識』の記す他の桂女関係の内容がどこかに現われていてもよいはずである。それがまったく見えないということは、繰りかえすようだが、「諸国叢書」の一冊に『桂女文書』を収めたあとで、すなわち大正九年に上桂村の原田・岡本両家の文書を筆写して「私考」を記し(A〜Dの段階)、さらに同十一年に、橋川からの「就御尋口上書」によって、新たに下桂村の孫夜叉という桂女の後裔が現存していることを知った(Eの段階)そのあとに、『祠曹雑識』において上鳥羽村の桂女殺害の内容に出会った、としか考えようがないのである。

したがって『祠曹雑識』の記す桂女殺害というショッキングな一件は、桂女研究に向けて「最初に私の心を動かした」事柄ではなく、『桂女文書』の諸資料を揃え、いずれ論考としてまとめようと準備していた柳田に、「桂女由来記」執筆の動機を与えた記録だったと考えるべきものである。そして、すでに桂女について多くの資料を収集していたにもかかわらず、まずこの一件を冒頭に持ってきて、これに心動かされて桂女について考えてみようと思いたったかのごとく、論考を構成したわけである。一つのテクニックである。

それでは柳田は、『祠曹雑識』をいつどこで読んだのであろうか。確たることはわからないが、内閣文庫には『祠曹雑識』が収められているので、内閣文庫に関係していた明治後期にすでに読んでいた可能性はある。しかし、この一件を記憶していたかどうかは疑問である。諸資料を揃えて『桂女文書』を編み、桂女に関する知識がある程度確かなものになった大正十一〜十三年の間の、さらなる資料渉猟の過程で『祠曹雑識』の中のこのショッキングな内容に出会ったと見るべきであろう。そして一気に「桂女由来記」執筆にいたったと考えるのが、妥当ではないだろうか。

三　依拠および引用の実態

このようにして資料を収集し執筆の動機を得た柳田が、「桂女由来記」執筆に当たって実際に資料をどのように用いて書き進めたのであろうか。管見の限りでは、先に類別した『桂女文書』中のA・Bの諸文書とEにメモした『家伝史料』の桂女関係の全文、『貞丈雑記』『城州桂姫考』『足利季正記』『言継卿記』、および『祠曹雑識』が中心になっているのである。同じ内容がこれら数書にダブっている場合も少なくない。

このほか、『嬉遊笑覧』や『古事類苑』、『広文庫』にも桂女に関する諸書の引用があるので、資料渉猟の過程でこれら便利な事典類も参考にしていたのかもしれない(15)。

それでは、どの部分にこれらの資料が活用されているのか、本文を追って読み解き、「『桂女由来記』依拠資料一覧」として表示しておく。

左の表には、『柳田国男全集』二十六所載の「桂女由来記」の頁と上段・下段の別、および行(行の数え方は論文タイトルや節は除いた本文のみのもの)を示し、次に、その部分の引用資料もしくは依拠資料を明らかにした。引用もしくは依拠資料の表記は、『桂女文書』中に比較的詳しくメモのある資料については、『文書』「〇〇」として〇〇に細かい資料名を挙げる。

左の表を作成しながら著者には、すでに述べてきたように、柳田が桂女研究を思いたって以来、五年前後にわたって折々多くの文献に当たって資料を固め、それらを縦横に駆使しながら「桂女由来記」を書き上げていったことがわかった。この論考には、柳田自身の桂女に対する感想を披瀝している部分は少なく、構想を立てたあと、説明は資料に語らせながら、全体の流れを作っていく手法をとっていることも理解できた。また資料は、「　」（括弧）などをつけて生のまま引用するのではなく、柳田自身の言葉に読み直して、全体の調子を整えながら用いていることもわかったのである。

おわりに

典拠未詳の箇所もあり、あるいは筆者の思い違いもあるかもしれないので、さらに精査する必要はあろう。しかしとにかく、右に述べてきたことによって、不充分ながらも、柳田国男が、文献資料を収集し駆使しつつ、そして自らの言葉に読み直しつつ「桂女由来記」をまとめていった跡を明らかにすることができた。その過程を箇条書ふうに整理すると、次のようになる。

「桂女由来記」349〜357頁依拠資料一覧

349 下 16〜 350 上 2	全体資料から判断。
350 上 3〜20	『祠曹雑識』巻二六、『家伝史料』巻七
350 下 5〜8	『貞丈雑記』巻二
350 下 10〜12	『祠曹雑識』
350 下 13〜16	『笈埃随筆』（巻一二）
350 下 16〜22	『文書』「就御尋口上書」
351 上 1〜3	『文書』「岡本家文書」
351 上 10〜13	『腐緗集』（『安斎随筆』よりヵ）
351 上 13〜15	『義残後覚』（巻一）
351 下 20〜 352 上 3	『家伝史料』および『文書』「長屋基彦書状」
352 下 4〜8	『貞丈雑記』巻一
352 下 14〜16	『文書』『原田家文書』
353 上 2〜4	『家伝史料』「桂女薩州江参候由云々」
353 上 5〜 354 上 9	『祠曹雑識』、少々感想も入る。
354 上 11〜 354 下 5	『家伝史料』、一部『祠曹雑識』も入り、感想も入る。
355 上 1〜 355 下 13	『文書』「原田・岡本家文書」
355 下 17〜18	『文書』「就御尋口上書」
356 上 1〜3	『年中恒例記』（『貞丈雑記』からの引用ヵ）
356 上 12〜13	『文書』「原田家文書」
356 上 13〜 356 下 6	『言継卿記』
356 下 8〜 357 上 6	『文書』「原田家文書」、感想も入る。
357 上 18〜 357 下 3	『文書』「原田・岡本家文書」

○「巫女考」を書き終え、後に『妹の力』に収められた諸論文をまとめていた大正時代中ごろの柳田は、或る種の霊力を認められ、中世から近世にかけて貴族や有力武家に出入りしていた女性職能集団である桂女にも注目するようになった。

○何かの情報から、現在（大正八年頃）においても、京都のかつての上桂村に桂女の家筋の存続していることを知り、松尾大社の長屋宮司に依頼して関係資料の収集にとりかかった。大正九年二月末には、長屋から、桂女の後裔だという原田・岡本両家の近世中後期の多数の文書と、しかるべき時には頭につけていたという桂包という衣料が送られてきて、それらを初めて実見した。文書については直ちに読み筆写して、桂女に関する備忘を、「私考」という形で、手許にまとめ置いた。

○別に、京都在住の橋川正にも情報収集を依頼し、大正十一年二月、京都で橋川正に会って、下桂村にもかつて中世に孫夜叉と名乗っていた桂女の家筋が現存していることを知り、その所蔵文書の写しをメモした。

○その後、『家伝史料』その他多くの文献資料に当たって桂女関係の情報を抜書きする過程で、近世期にしばしば江戸下りをし、かつての由緒を説きつつ徳川幕府に接近していた、上鳥羽の桂女の存在についても知ることになった。

○この段階で、それまでに集めた桂女関係の資料および考察メモを『桂女文書』としてまとめ、自らの「諸国叢書」の一冊として保蔵することになった。

○さらに資料渉猟の過程で、大正十三年ごろに、『祠曹雑識』の中に正徳六年の桂女殺害の関係記録のあることを発見した。この事件に心が動かされ、同書の記録とすでに手許に収集しておいた資料（『桂女文書』収録のもの）とを縦横に駆使して、大正十四年の初めごろに「桂女由来記」の執筆にいたった。

かくして、桂女の研究を思い立ったと思われる頃からほぼ五年後、『女性』誌上に「桂女由来記」が発表されることになったのである。

この五年間には、柳田の初めての南西諸島調査や、欧州ジュネーヴ滞在の期間が含まれている。第三章において詳述したように、「玉依姫考」を念頭に置き、宇佐信仰と関連させて「炭焼小五郎が事」をまとめようという思いが脳裡に去来しつつあった時期でもある。新たに昔話研究にも着手しようかという、柳田国男四十歳代後半の充実した時期でもあったのである。

註

（1）新国学談三部作とは、『祭日考』（昭和二十一年）、『山宮考』（昭和二十二年）、『氏神と氏子』（昭和二十二年）（いずれも『柳田国男全集』一六、所収）のことをいう。

（2）「桂女由来記」は早く昭和十三年に名取壌之助編『桂女資料』に収録されたが、一般に多くの人の目に触れるものではなかった。現在では、『定本柳田国男集』第九巻（筑摩書房、昭和四十四年）および『柳田国男全集』二六に収録されていて、簡単に読むことができる。なお、桂女は後述するような江戸時代の資料によると桂と呼ばれることが多く、かつ、この組織・制度もそう呼ばれていたようであるが、本章では、引用文以外は桂女で統一する。

（3）『桂女文書』は、『諸国叢書』一〇輯（成城大学民俗学研究所、平成五年）に影印翻刻されている。「諸国叢書」全体については、第六章参照。

（4）『祠曹雑識』は内閣文庫所蔵。柳田は、『祠曹雑識』の中から興味を持った記事を筆写させて『祠曹雑識抄録』乾・坤二冊(成城大学民俗学研究所「柳田文庫」所蔵)を編み、手許に保存していたので、直接にはこれを参照したものと思われる。なお、『祠曹雑識』は影印版が刊行されている(汲古書院、昭和五十六年)。

(5)『家伝史料』は内閣文庫所蔵。柳田は、『史籍雑纂』三所載のものを利用したのかと思われる。

(6)これら柳田が筆写した原田・岡本両家の文書は、のちに名取壌之助編『桂女資料』(大岡山書店、昭和十三年)に活字化されて収録されている。同書にはこのほか、名取の収集した桂女関係資料が多数含まれている。それについては、名取が同書の「例言」において、資料の収集について柳田の教示を得たことを述べていることからみて、柳田が自ら知り得た資料のすべてを名取に教えたこともあずかって力になっていることと思われる。

名取壌之助は昭和十年に慶應大学経済学部を卒業しているが、「例言」によると『桂女資料』に収めた資料の大部分は在学中に集め、加田教授の研究会に提出した論文に参考資料として添付したものであるという。名取が柳田の知遇を得たのは、父・名取和作が柳田と懇意であったからかと思われ、後年、柳田が名取家の者に対して、「和作さんにはいろいろお世話になっていまして…」と話したことがあったという(平成四年秋頃の壌之助氏夫人談)。

(7)「桂女由来記」(『柳田国男全集』二六)、三五一頁下。

(8)長屋基彦は、大正中後期に松尾大社の宮司をつとめていた。「巫女考」などにも長屋から資料の提供を受けたことが記されているので、親しい相談相手だったのだろう。

(9)「大正十一年日記」(『定本柳田国男集』別巻四、筑摩書房、昭和三十九年)。

(10)「桂女由来記」(『柳田国男全集』二六)、三五六頁上。

(11)橋川正は大谷大学教授だった。「大正十一年日記」によると、このとき下桂の桂女文書を借用したようであるが、未詳。

(12)　橋川が訪ねたことは、二月十二日夜半付の、京都ホテル内の柳田国男に出した橋川正の葉書（成城大学民俗学研究所「柳田文庫」所蔵）が、「啓上、今夕は参上御邪魔仕候」と書き出され、帰宅後に阿波国国分寺所蔵の職人歌合残簡を見たところ、経師や番匠などの職人に混じって桂女の登場していることを、わざわざ報告していることからわかる。

(13)　「桂女由来記」（『柳田国男全集』二十六）、三四九頁下〜三五〇上。

(14)　『祠曹雑識㈡』〈内閣文庫所蔵史籍叢刊・第８〉（汲古書院、昭和五十六年）五八八頁。

(15)　すでに挙げた資料・書物を除いて、『城州桂姫考』は彰考館に、『桂姫由来』は宮内庁図書寮に、『義残後覚』は帝国図書館に所蔵されていた資料である。『言継卿記』は図書刊行会本、『足利季正記』は改正史籍集覧本、『貞丈雑記』は増訂故実叢書本を、それぞれ用いたかと思われる。

第五章　『鬼三太残齢記』への関心

一　『鬼三太残齢記』との出会い

「諸国叢書」(1)に含まれている『鬼三太残齢記《きさんたざんれいき》』は、『義経記』(2)の内容、とくに最後の巻である八巻の内容について異を唱えんとする、江戸時代前期と思われる奥州平泉近辺の一伝承を記録した書物である。内容は昔話でないことはもちろん、伝説というわけでもない。鎌倉・室町時代から江戸時代初期、語り物として奥羽の一角で語られ楽しまれていた話であろう。地域のごく普通の人びとが聴いて楽しんでいる(あるいは楽しんでいた)話に関心を示し始めていた、大正末から昭和初期の柳田国男は、この種の書物にも心惹かれていたのである。

『鬼三太残齢記』として記録されたのを、柳田は江戸時代元禄期かと推定しているが、(3)「諸国叢書」に収められたものは、安永十年(一七八一)の筆写本を、享和元年(一八〇一)十二月に筆写した書物を原本としている。

「諸国叢書」に加えられた確かな年月は未詳であるが、大正のごく末期のことではないかと思われる。というのは、柳田は大正十五年七月末に東北旅行に出、岩手県遠野市での伊能嘉矩追悼式に出席して講演したのにつづき、八月二日に東北大学で「義経記から清悦物語へ」と題して講演を行なっており、(4)その講演内容を基調としてまとめた「義経記成長の時代(東北文学の研究・一)」と「清悦物語まで(東北文学の研究・二)」の二論考を、同年の『中央公論』十月

号と十一月号に発表しているからである。(5)この「清悦物語まで」の中で、柳田は、

最近私の見た東北大学の図書館に在る（引用者註：清悦物語の）一本の如きは、書名を鬼三太残齢記と称し、序文には歳は重光大康洛に在る臘月十日とあって、仙台の城下で人の話を筆記したと謂つて居る。(6)

と述べていることから、二論文発表の数ヶ月前の東北大学での『義経記』にかかわる講演のさいに、同大学図書館において『鬼三太残齢記』を披見したことがわかる。そのさい、即座に誰かに筆写を依頼したものと思われ、後日送られてきた同書の写しを「諸国叢書」の一冊に加えて、大切に保蔵したと考えられるからである。

したがって、奥書に何も記されていないとはいえ、原本は東北大学図書館蔵の『鬼三太残齢記』とみて間違いない。(7)筆写者は当時の同図書館関係者かと思われるが、残念ながら未詳としか言いようがない。

二　『義経記』と『鬼三太残齢記』の内容

「東北文学の研究」という副題をつけて『中央公論』に発表した先の二論考において、柳田は、『義経記』は、源義経の盛期の活躍を描くことに主眼を置いて執筆されたのではなくて、京都や奥羽など各地で語られていた、義経が『平家物語』で活躍する以前と以降の各種の義経に関する話を収集して編集したもので、「各部分の作者産地はそれぞれに別であった」(8)のだと考えた。そして巻七の内容が、奥州での語りをもとにしたものであることを、縷々多くの資料を挙げながら推測したのである。つづく巻八も奥州の語りをもとにしているが、その内容については、『義経記』

が成立した後にも奥州には、巻八に取りあげられている伝承とは別に、関連するいろいろな異伝が語りつづけられていたであろうことを詳述しているのである。

異伝の多くは、巻八において、激戦の予想される衣川（『義経記』では衣河）合戦をよそに、あいにくその朝から仲間十一人とともに近くの山寺を拝みに出かけ、ついにそのまま戻ってこなかった常陸坊海尊にかかわる話となっている。そのうちの、海尊と一緒に落ちのびたあと、にんかんなるもの（人魚かという）を食して長命を保ったという清悦という人物の語る話が『清悦物語』なのであり、『鬼三太残齢記』は、柳田によればこの『清悦物語』の一異本ということになるのである。

『鬼三太残齢記』の内容は、江戸時代前期から数えて四百余年前に、義経に付きしたがって奥州に下ってきたと語る不思議な翁が主人公である。その翁は、衣川合戦の旧事を語るさいには顔に愁いを帯びるという長命らしき奇怪な翁である（かつての鬼三太らしい）(9)。話は、小野太右衛門なる人物がその翁に種々質問を発する形で展開しており、全編がほとんどそれに対する答でもって構成されている。翁の語る話は、義経に従って奥州にやってきたこと、鬼一法眼の軍法書のこと、義経が鬼一法眼から秘術秘法を授かった次第、『平家物語』などでよく知られている八嶋（屋嶋）の戦いの際の義経と梶原景時の間の逆艪の議論の真相のほか、翁自身の長命は感人魚なる朱い魚を食した故であること、同じ魚を食したかつての友人の娘も長命であること、衣川合戦の真相等々である。そのうち何といっても圧巻は、後半の衣川合戦の真相なるものを語るくだりである。

奇怪なる翁の語る衣川合戦の真相なるものこそ、『鬼三太残齢記』を『義経記』巻八の異伝たらしめているのである。『鬼三太残齢記』は牛若丸時代からの藤原秀衡との関係をはじめ、平家の追討や頼朝から遠ざけられたことなど、義経のひととおりの来し方も語るのではあるが、ここでの義経は、戦場で強かったと述べるとはいえ、『義経記』で語られるような美化された人物というわけではない。むしろ人情の薄い人物とされている。武蔵坊弁慶も腕力は強いが驕暴で智力乏しく、秀衡の家来などからは嫌われつづける人物として語られているのである。当時の奥州の一部には、このような語りが喝采を博す精神風土があったのであろう。

また合戦そのものの展開も『義経記』とははなはだ異なり、いたるところで駆引きや裏切りがあったり、神仏の怒りによって災害が起こったりしている。そして結局は、義経が周囲の勧めに従って、長年の家来を見捨てるようにして津軽へとも「夷カ千嶋」へとも落ちて行ったことをにおわせるという、特色ある結末となっているのである。義経が蝦夷から大陸に渡って活躍したという伝説に結びつく語りであろうか。義経のみならず、弁慶も世にいう剛勇な立往生を遂げるどころか、落ちて行った義経に「一恨ミ謂ハヤ」と思って高館城を抜け出し、ついには衣川で水死してしまう。そして、死後、「岩ノ狭間ニ流レ掛テ長刀ヲ突立テリ居タリケル、是ヲアヤマッテ世上ニ立往生ト唱フナラン」という解説までつけるという、いやはや大変な話になっているのである。

そして、さんざん戦った海尊も鬼三太も何とか一命は助かり、四百余年を経た今も長命を保っているのだと述べているのである。海尊は上洛して栄西について禅僧となったあと、戻って会津の寺に入ったとか、残齢を重ねた鬼三太は清悦と名乗って今も平泉近辺にいるらしいというふうにもごたごたと述べ、何とも意味深長な語りを追加しているのも特徴だといえよう。

これら内容について、柳田は次のような『鬼三太残齢記』評を述べている。

要するに始から終まで、仮にも史書の欠を補ふといふが如き態度ではなかつたので、若しこんな話が後代に及んで珍重されたとするならば、それはもう義経記も耳に蛸で、何か新らしく且つ笑ふやうなものを求めて居た人心に投じたもの、言はば三馬の忠臣蔵偏痴奇論などと同じく、所謂ヲカシ文学の不完全なる発育に過ぎなかつたと見てよいのである。(10)

実に辛口の評ではあるが、そう評する柳田自身も、『鬼三太残齢記』の地域の語り物世界における価値を認め、わざわざ筆写まで依頼して「諸国叢書」の一冊に加えて、大切に保蔵しようとしたのであった。

そしてこの書は、『雪国の春』の中の『義経記』に関する不朽の論考「東北文学の研究」誕生に一定の役割を果たし、その後の日本文学や民俗学などの日本文化研究に貢献していることも事実なのである。不完全なる発育をしたヲカシ文学なのかもしれないが、『義経記』をめぐる当時の奥州の語り物の世界を垣間見る糸口を与えてくれる資料として、貴重なのである。

第三章で述べたように、「炭焼小五郎が事」をまとめ、地域で語られている（あるいは語られていた）昔話の研究に目覚めた大正末期の柳田は、数年後に本格的に取り組むことになる昔話と異なるとはいえ、このような東北地方の口承の世界にも大きな関心を持っていたのである。

註

（1）「諸国叢書」の全体像については、第六章参照。なお、『鬼三太残齢記』は、成城大学民俗学研究所編『諸国叢書』一一輯（平成六年）として影印刊行されている。
（2）本章における『義経記』の内容は、岩波日本古典文学大系本（昭和三十四年）による。
（3）柳田は、後述の「清悦物語まで（東北文学の研究二）」において、元禄十四年ごろと推定している。

（4）「年譜」（『定本柳田国男集』別巻五、筑摩書房、昭和四十六年）。
（5）「義経記の時代」「清悦物語まで」（「東北文学の研究」として『雪国の春』に収録（『柳田国男全集』三））。
（6）『雪国の春』（『柳田国男全集』三）七六一頁。
（7）東北大学図書館の『鬼三太残齢記』は、同図書館の「狩野文庫」に収められている。「狩野文庫」は、安藤昌益の発見者としても知られ、明治時代後期に京都大学教授から学長までつとめた後で、書画鑑定や古書売買に携わっていた狩野亮吉の旧蔵書十万余冊からなりたっているので、『鬼三太残齢記』は、狩野亮吉が収集したものであろう。
（8）『雪国の春』（『柳田国男全集』三）七五三頁。
（9）鬼三太は『義経記』には喜三太として登場し、衣川（衣河）の合戦でそれなりの活躍をしたように描かれている。
（10）『雪国の春』（『柳田国男全集』三）七六三頁。

第六章　柳田国男と「諸国叢書」

はじめに

柳田国男は、明治末期から大正初期にかけて、きわめて熱心に「諸国叢書」というものを編んだ。「諸国叢書」についてはこれまでも各章でいくらか触れてきたが、最後にその性格と全体像について解説し、柳田研究上の位置を確認しておきたい。

「諸国叢書」とは、地域の伝承文化が記されている良書ながら、広く知られることなくそれぞれの地に埋もれていたり、将来散逸の心配される書物を選んで筆写し、複本を作って手許に保存しようとした企画であり、書物群である。こうしておくと、自らの利用に便利であるのはもちろんのこと、有益な書を心ある人の利用に供することもできるし、原本にもしものことがあっても複本だけは残せるという思いからであった。柳田個人の企画と実践になるもので、現在のようにコピーや写真撮影のままならなかった当時としては、容易な作業ではなかったであろう。「困蟻功程」「困蟻労程」[1]やいくらかの日記類など、他にも柳田の読書傾向をうかがうことのできる資料はあるが、明治末期、日本文化研究上の伝承文化の重要さを感得した直後に編纂を思いたった「諸国叢書」の分析からは、柳田が新たに価値を見出していた書物・資料類の傾向を知ることができ、柳田国男研究にとって疎かにできない書物群である。

編纂が明治末期から大正初期に集中していたとはいえ、その後も長く継続していた作業であるし、書物のみならず、書物の形をとらない原稿用紙・便箋数枚ていどの資料も綴じあわされている貴重な叢書である。

「諸国叢書」は、現在、成城大学民俗学研究所「柳田文庫」に百十三冊架蔵されている。(2) 体裁は、例外は少なくないが多くは縦二十三・三センチ、横十六・二センチ程度の和装本で、各冊にはよく似た薄茶色の絣のような模様のある和紙の表紙がつけられ、表紙左上に、柳田国男の筆跡で「諸国叢書　〇〇」という題簽が付されている(〇〇の箇所には各冊の題がしたためられている)。

全部で百十三冊と述べたが、「諸国叢書」に収められている資料点数は百十三よりはるかに多い。例えば、『吾妻昔物語』の中に「吾妻昔物語」と「御山先立往来」の二点、『公事帳、袖中記・その他』の中に「公事帳」「袖中記」「農務帳」「郷村地方内定風俗帳」「渡良村郷土誌」の五点というように、内容の異なる長短さまざまな資料が、一冊の中に合綴されているものが少なくないからである。『大嘗神楽雑録・その他』の中には九点、『雑文集』（一）の中には十四点というように、資料点数の甚だ多いものもある。その一方で、『阿州奇事雑話』が三冊に分冊されているように、長いものは同一資料が数冊に分けられている例もないわけではない。一点の分量は、半紙百枚をはるかに越えるものから便箋数枚のものまでさまざまである。したがって、資料の捉え方にもよるであろうが、(3)「諸国叢書」全体に含まれている資料は、少なく見積もっても百八十点を越えている。

一　「諸国叢書」の大要

「諸国叢書」各冊に収録されている資料の内容は、広範囲にわたっているが、著者(私)なりに類別し、まずは全体の傾向を押さえておきたい（一冊になっているものは『　』、その中に含まれる一資料は「　」で囲む）。

⑴江戸時代の紀行文・見聞記類

主なものは、『齶田乃苅寝《あきたのかりね》』をはじめとする菅江真澄の幾種類かの日記風紀行文そのほか、『川崎秀直漫筆』『見達日乗』『寺川郷談』『房総雑記』『山城大和見聞随筆』等々である。そこで扱われている事柄は各書さまざまであるが、いずれも各著者の見聞に基づいて記されたものが主たる内容になっている。柳田は、江戸時代の随筆や紀行文にしばしばみられる古書の引用に基づく考証臭を嫌ったが、これらの書にはそれの少ないのが特徴である。個人の日録的な性格を持つ『蘭山先生日記』や、近代の著作ではあるが、『鼠関日記』『吉居雑話』『仙梅日記』もこれらに加えることができよう。

⑵江戸時代の地誌類

江戸時代の地誌類も積極的に収集している。主なものは、『大泉百談』「御山先立往来」（『吾妻昔物語』所収）『海南小記』『笠淵奇聞』『関邑略志』『鶏鳴旧跡志』『気仙風土草』『荘内物語』『蕉雨雑筆』『勢陽雑記拾遺』『田子之古道』『津軽俗説選』『遠野古事記』『南部領海陸道程』『延岡旧記』『横須賀郷里雑記』『松浦昔鑑』等々である。内容には地理上の記述のみならず、しばしば寺社の様子や名所旧跡の由来、地域の伝説などが述べられている書物群で、柳田は、地域の信仰伝承をうかがい得る資料としても重要視し、これらを収集したものと思われる。

⑶江戸時代の伝説や怪異談・噂話等の集成

主なものは、『あけがらす』『阿州奇事雑話』『雨夜談柄』『啖取録』『鬼三太残齢記』『佐渡怪談藻塩草』『視聴草抄』『幽顕問答鈔』等々である。近代の筆録ではあるが、「豊後国満之長者由来記全」「真名長者実記」（この二書は『満之長者一代記』所収）なども、内容的にはここへ加えることができる。いずれも興味深い話に満ちており、とくに研究生活の早い段階で大いに関心を示したと思われる諸書である。柳田の「年譜」(4)によれば、『視聴草』はまだ二十歳代後半において読んでいたもので、『視聴草抄』は、その中の関心を持った事柄の抄録である。

(4)江戸時代の年中行事・風俗の記録

主なものは、『奥民図彙』「郷村地方内定風俗帳」(『公事帳、袖中記その他』所収)『市井生活図説』『杉乃落葉』『秋田風俗問状答』『丹後中郡風俗問状』「風俗帳」(『雑文集』四所収)『三河吉田領風俗答書』『水戸歳時記』『粒々辛苦録』等々である。これらに記述されているような年中行事・風俗に関する事柄は、右の(1)~(3)の中にも散見されるが、常に柳田が関心を持ちつづけていた事柄である。

(5)各地の公に関わる記録

主なものは、『伊豆大島近古文書』『木曾古来記』『高知藩田制概略』『彦根藩公益私記』『森乃雫』等々である。

(6)特別な家柄や職種に関わる記録類

主なものは、「鋳物師濫觴」(『諸国雑文』三所収)『熊谷氏伝記』『玄察物語』『光葉氏歴史』『参州作手旧紀』『桂女文書』「猿家之伝記抜書抄」(『雑文集』二所収)「山神狩人秘法大事」(『雑文集』二所収)「山立油来記」(『雑文集』四所収)である。本書第一章において検討した『後狩詞記資料』も、ここに含まれる。さらに、『轆轤師記録』「山窩ニ対スル件報告書」(『雑文集』一所収)等々である。これらの中には近代にまとめられたものもあるとはいえ、内容的には主として江戸時代か、それ以前のことが記されている。柳田が研究の初期に関心を持った問題に沿う内容のものが多い。

(7)社寺や祭りに関する記録

主なものは、『熊野年代記』『土佐祭式類集』『御子神記事・豊永郷葬事略記』等々である。中世後期の伊勢の御師の記録である『丹後御檀家帳・同中郡風俗問状』もこれに加えることができるであろう。社寺や祭りの記録は、右の

(1)～(4)の中にも散見されるとはいえ、「諸国叢書」全体に占める分量は思いのほか少ない。

(8)芸能等の由来や詞章類

主なものは、「大償神楽雑録」「八戸地方・オシラ遊びの経文」「福岡県八女郡星野村・麻生池神社反耶舞歌集」（以上『大償神楽雑録・その他』所収）『鹿踊濫觴巻』「弘前松森町獅子舞」（『雑文集』二所収）等々である。

(9)南西諸島関係

主なものは、「公事帳」「農務帳」（以上、『公事帳、袖中記その他』所収）等々である。このほか、中国関係のものとして、皇帝の諸国巡回記である『星槎勝覧』、琉球と中国との航海指南書『指南広義』がある。南西諸島関係の資料が意外に少ない理由は、柳田は南西諸島関係の筆写資料を、「諸国叢書」とは別に「南島資料」として一括し保存していたからである。

(10)動・植物の記録

主なものは、『四季乃草茎』『藻塩草』「筑後川口の鳥」（『雑文集』二所収）等々である。

(11)近代の地誌、および伝説集、民謡集

主なものは、『石見口羽村郷土誌』『海部記事』『上高井郡地名調査書・其の他』『三州田嶺炬燵話』『諏訪八ッ手新田記』「尻屋郷土誌稿」（『雑文集』三所収）『南松浦郡誌』「渡良村郷土誌」（『公事帳、袖中記その他』所収）『小谷四ヶ庄伝説集』『北山村民謡集』等々である。これら近代の著作は筆写して保存したわけではなく、謄写印刷もしくはカーボン紙で複写されている原資料であり、各地で発行されたものを、編集や執筆に関係した研究者が柳田宛に送呈してきたものであろう。そのうち、必要と認めたものを「諸国叢書」に収めたのであろう。このほか、近世の尾張国の童謡を集成した『尾張童遊集』があり、貴重な資料かと思われる。

⑿図書所在目録

主なものは、『土佐図書一覧』「内閣記録課書目抜萃　雅楽ノ部」「秋田人著書目録」（以上『雑文集』四所収）等々である。「諸国叢書」に収められている図書所在目録は必ずしも充分ではない。しかし柳田は、大正四年に古書保存会の人びとに対して、「二三の珍籍の完全なる保存、或は頗る原形に近い複製などを企てる前に、先づ以て弘く古書の所在目録を編纂して貰ひたいものだ」[5]と注文していたり、『郷土研究』一巻一号から十回にわたって「地方誌未刊書目録」を連載し、さらにそれらの増補訂正ともいうべき続編を六回連載していることからもわかるとおり、自他の研究の便宜のために、図書目録の充実には早くから熱心であった。

二　諸書収集の方法と時期

つづいて、資料収集の方法と時期についてみてみよう。

収集の仕方は大きく二つに分けることができる。一つは、柳田が日頃の読書や旅行先で目にした資料のうち学問研究上有用と認めたものを、自ら積極的に収集保存しようとしたことである。もう一つは、他から贈られてきた資料のうち有用と判断したものを選択し、保存を心がけたことである。このような収集保存の仕方は、さらに左のように細分類できるであろう。

A　自らの積極収集

①　資料を送ってもらったり資料の所在地に赴いたりして、自ら筆写したもの。

② 旅行先などで資料を発見し、現地の人にその古書の筆写を求めたり、資料の内容報告を依頼したもの。
③ 読書の過程で有用と判断した古書を、他の人に筆写依頼したもの。
④ 古書店から購入したもの。

B 贈られてきた資料の選択保存

⑤ 贈り主が筆写した古書・古記録。
⑥ 地方で刊行された資料集(多くは近代に謄写印刷したもの)。
⑦ 行事や口碑などについての、調査者自筆の報告(手紙形式のものも少なくない)。

このうち、①の自ら筆写した資料は、本書の第四章で検討した、大正九年の筆写かと思われる『桂女文書』(この中の旧上桂村の文書)ただ一冊である。「柳田文庫」には柳田国男の自筆写本は何点か所蔵されているが、そのうち「諸国叢書」に収められているのは、この『桂女文書』だけである。

②も少なく、『気仙風土草』『鬼三太残齢記』「山窩ニ対スル件報告書」など数点に限られる。『後狩詞記』の基礎資料となった『後狩詞記資料』も、ここに分類できるであろう。[6]

③が最も多く、「雑文集」としてまとめられている小さな資料群を別にすれば、「諸国叢書」全体の半数以上が、読書の過程で有用と判断し、その筆写を他の人に依頼して手許に置いた書物であり、「諸国叢書」の中核をなす資料である。前節において類別した(1)〜(4)の資料の大半は、この③の方法によって収集し保存したものである。

④の古書店から購入したものも少なくないかと思われるが、確かなことはわからない。筆写本のなかには、奥付として筆写原本の所蔵者・所蔵機関や筆写者の明記されていない資料があり、それらに④に含めうるものがどれくらい

あるか判断に迷うからである。しかしとにかく、『尾張童遊集』『鹿踊濫觴巻』などは古書店から購入したものだと思われる。

⑤も十点ほどある。『吾妻昔物語』「御山先立往来」「山立油来起」は佐々木喜善より贈与されたものである。佐々木から贈られた資料は他にも数点収められている。「猿家之伝書抜書抄」(『雑文集』二所収)は小池直太郎から贈られている。他に小池からのものには、⑥に属するものが数点含まれている。

⑥の資料は、点数としては③についで多い。先に類別した⑾の諸資料のほとんどすべてがこれである。

⑦も資料点数は多いが、ほとんどが短いものである。しかしその中には、柳田のチェックが施されていたり感想の記されているものも少なくなく、一見ささやかな報告類にも丁寧に目を通し、価値を認めた資料は、このようにして大切に保管しようとしていたことがわかるのである。

それでは、「諸国叢書」の編纂はいつごろ企画されたのであろうか。

先の「年譜」によれば、明治三十五年の項に「このころより内閣記録課に出向し、蔵書を読む」と記されており、同三十七年にも「この年も内閣文庫の本をよく読む」となっていることから(後述するように「諸国叢書」各冊には内閣文庫所蔵のものが多い)、内閣文庫を利用しながら良書に注目し、この種の編纂企画を早くから心掛けていたかと思われる。しかしそれを「諸国叢書」として具体化し、収集作業に本格的に取組み始めたのは、明治末期から大正初期(大正三年頃)にかけてのことである。筆写本のうち、筆写年の明記されているもの、および明記されてはいないが、柳田の書き込み等によって入手した年月のほぼ明らかにできるものの大半(ほぼ四十点)がこの時期に集中していることから、そのように推測できるのである。この時期に柳田は、手許にある多数の筆写資料を同じ形式で製本表装し、現在見るように、同一形式の題簽を丁寧に付し始めたことと思われる。

先にも少し触れたが、大正四年には古書保存会の人びとに向けて「諸国叢書」編纂の趣旨と進捗状況について語り、保存すべき有用な書物に関し自説を開陳したあと、次のように述べている。

何とぞ今まで所在の知れぬ古書の所在目録、殊には一つしか無い稿本の行く〳〵亡び去らんとする者を取留める方に掛つて貰ひ申したい。複本の作製も勿論急務である。刊行会の手に合はぬ一地方の著書などは、筆工を以て版工に代へねばならぬかも知れぬ。（中略）併し、複製の事業は中々急に普及しさうも無い。是は会員中の篤志者にも分担せしめられて宜しからう。自分なども先年来「諸国叢書」と云ふものを始めて居る。即ち地方無名氏の遺著の稿本で伝写の少なさうなものを一部づゝ写して行く仕事である。もう早三四十部は出来た。(7)（傍点、引用者）

その後も柳田は「諸国叢書」に含める筆写本の充実には意を用い、漸次点数を増していったが、収集のピークはやはり右の明治末期から大正初期にかけてである。

研究者としての柳田の名声が、地方一般にも浸透した大正中期から昭和戦前期にかけては、地方の郷土史研究家からさまざまな資料が寄贈されるようになった。初期の筆写本に加え、それら寄贈された伝説集・民謡集などを含む郷土誌類や諸種の報告原稿などのうち、必要と判断したものを製本して、「諸国叢書」に加えるようになってくる。「柳田文庫」にはこの種の資料が多数所蔵されているが、そのうち「諸国叢書」に収められているものは、全体の数からみれば一部にすぎない。なぜ柳田が、寄贈されたもののうち限られたものだけを書物仕立てにまとめて「諸国叢書」に入れたのか、選定の基準は不明ではあるが、「諸国叢書」に加えられている地方研究者寄贈のものの多くは、謄写印刷かカーボン紙を用いて薄紙に複写したもの、もしくはペン・毛筆による自筆原稿である。活字印刷の資料でも短いものであるため、内容的に有用だと思ったと同時に、散逸を心配したからであろうと思われる。

寄贈されてきた段階ですでに製本されていた郷土誌類や、ページ数が少なくても定期的に刊行されていた雑誌類は、「諸国叢書」に加えるのではなく、また大切に別の保存法がとられていたのである。研究者仲間から贈られた雑誌論文の抜刷（別刷）も、すべてであるかどうかはわからないが製本され、「知友文集」「民俗資料」などという背文字をつけて保存されている。丁寧な扱いである。

「諸国叢書」の増補充実は晩年近くになっても心掛けられていた。柳田の傍らにいた鎌田久子からうかがったところでは、昭和二十年代に何回か、「諸国叢書」に加える資料の束を渡されて、表具屋で製本してくるように頼まれたという。その際、従前のものと同じような図柄の和紙で表紙をつけなければならないので、苦労したらしい。

三　原本所蔵者と筆写者

先に、筆写本の大半は明治末期から大正初期に収集されたと述べたが、それでは、それらの原本の所蔵者ないしは所蔵機関と筆写者は、誰だったのであろうか。不明なものも少なくないが、筆写本の奥書に左のように明記されていて、明らかなものも多い。

・右仙梅日記一冊著者山中翁より借受け写訖正本無紛事　大正元年十月三十一日　柳田国男

・右（引用者註：「勢陽雑記拾遺」のこと）為柳田先生嘱以北川氏所蔵原本謄写校了　大正元年十二月三日　羽柴雄輔

かくして、『仙梅日記』は、山中共古所蔵の書物を誰かに筆写してもらったものであり、『勢陽雑記拾遺』は、北川某の所蔵本を羽柴雄輔に依頼して筆写してもらったことがわかるのである。

このように奥書を見ていくと、内閣文庫所蔵本を原本としたものが最も多い。その旨明記されているものが十点ほどあり、明記されてはいなくても、『国書総目録』（岩波書店）に記す所蔵機関などから判断して内閣文庫所蔵本であったかと推測されるものまで含めると、二十点は越えると思われる。早くから内閣文庫を利用し、一時は内閣記録課長として内閣文庫に深く関わり、その蔵書をよく読んでいた柳田にとって、当然のことであろう。著者は折々の談話の中で鎌田久子から、柳田が晩年に、昔内閣文庫などから風呂敷に包んで書物を持ち帰り誰それに筆写を頼んでいた、と述懐していたということをうかがったことがある。

内閣文庫所蔵本以外では、帝国図書館所蔵本を原本とするものが数点含まれている。

個人の所蔵者では山中共古・三村竹清・羽柴雄輔・白井光太郎から複数借覧し、角田恵重・高木常次郎・小野芳彦・北川某・小室万吉・星野恒・大橋金造・井上頼寿・ネフスキー等々からも借り受けて、それらをいろいろな人に筆写依頼している。各所蔵者は、柳田が研究の初期の段階で親交を結び、多くの著作類にしばしば登場させている人びとである。

一方、筆写者で明らかになっているのは、羽柴雄輔・永井遼太郎・常盤雄五郎・井上翰一郎・森本彦八・高嶋正である。柳田自身の手になる筆写本は先述のとおり『桂女文書』ただ一点のみなのだから、「諸国叢書」を考える場合、これら筆写者群像も無視できない存在である。(8)

このうち筆写点数の多いのは、羽柴雄輔と永井遼太郎である。羽柴は単なる筆写者にとどまらず、蔵書家でもあって「諸国叢書」全体にとって疎かにできない人物である。このうち、柳田にとって羽柴が頼りになる人物であったことは、すでに第二章において詳述しているので、ここではもう繰りかえさない。

永井遼太郎は少なくとも五点筆写している。永井については、柳田が『寺川郷談』の奥書に「右寺川郷談一巻ハ（中略）内閣文庫ニ之ヲ蔵ス　尾道ノ人永井遼太郎ヲシテ写サシム」と記していることから、広島県尾道出身の人で、おそらく内閣文庫記録課の職員だったのではないかと思われる。永井は奥書等において、自らが筆写したことは何ら明らかにしてはいないが、『寺川郷談』の書体から判断して、永井の手になるのではないかと思われるものが少なくとも計五点はあり、永井も重要な筆写者だったのである。

ほかに、森本彦八は柳田家に出入りしていた趣味豊かな植木職人で、富士登山も一緒にしている仲だった。書もよくしたので、気軽に筆写を依頼したのであろう。

常盤・井上・高嶋については未詳である。

筆写を依頼するにあたっては、当然、謝礼が伴ったであろうが、詳細は不明としか言いようがない。ただ柳田にとっては迂闊だったことであろうが、『気仙風土草』という筆写本には、同書の筆写を依頼したことに対するのではないかと思われる返書が挿入されている。筆写事情のうかがえる珍しい貴重な資料として、左に記しておこう。

原田甚右衛門

拝啓　先般御来遊被下候節は何かと御教訓ニ預り奉深謝候、扨其節御約束仕居候当地の古書写之義漸く出来上り候ニ付御送り申上候間御落手被下度候、而シ而写生の申には一円五十銭位貰受けたしとの事にて候間、是又御含み被下度、先は御送本迄ニ、草々不異

十二月九日

柳田国男閣下

差出し年は不明であるが、同書が仙台領内気仙郡の地誌であることからみて、大正十五年七～八月の東北旅行のさいに依頼したものであろうか。原田甚右衛門に『気仙風土草』と指定して依頼したのか、郷土史・誌類の筆写を依頼された原田が同書を適当だと判断したのかはよくわからないが、とにかく原田が誰かに筆写してもらって柳田に送本し、同時に、筆写者の意向にそって筆写料を請求したというわけである。

おわりに

最後に、柳田が「諸国叢書」をどのように利用していたのかを考えておきたい。

「諸国叢書」中の諸資料の大半には、誤写と思った点を指摘したり、重要と思った箇所にチックを施したり、内容把握の便宜上頭書の形で小見出しを加えているなど、柳田が読み込んでいた跡が残されている。のみならず、巻末には短文ながら読後感の付してあるものも少なくなく、充分に活用していたことがわかるのである。「諸国叢書」は単に有用な古書の湮滅を恐れて保存目的だけで筆写しておこうとしたり、寄贈されてきた資料を単に大切に保有しておこうとして編んだだけでなかったのは、当然である。

その後すでに活字化がなされ、今さら「諸国叢書」を繙くまでもなくなった資料も多いが、一般には未知の資料も少なくなく、まだわれわれは、「諸国叢書」から貴重な事実を多く知ることができるであろう。

柳田国男は「諸国叢書」の諸資料の収集と読破の過程で、後年に結実することになる数々の学問上のアイデアを得ていた。最後に、現段階で確実にそうと思われることをアットランダムに指摘し、活用の跡を明らかにしておきたい。

○大正十年ごろに自ら筆写した『桂女文書』が、大正十四年発表の「桂女由来記」の執筆を促し、かつ、同論文の有力資料として用いられたことは間違いない。このことについてはすでに第四章において検討したので、これ以上述べない。

○佐々木喜善から贈られた「山立油来記」（『雑文集』四所収）が、よく知られているように、大正九年発表の「神を助けた話」[9]執筆を促した。現にこの論文の付載資料として「山立油来記」が活字化されていることから、両者の関係は明白である。

なお、「神を助けた話」で論じたような問題意識がすでに大正四年に柳田にあったことは、大正四年五月六日付の福島県の高木誠一宛書翰に、「猿丸の事御地にも有之よし御示被下、果して東北に取つてハ大きな問題なりしと感じ始め申候[10]」とあることよりわかる。

○『気仙風土草』や『鬼三太残齢記』の収集なくして、おそらく大正十五年発表の「東北文学の研究[11]」の、現在のような形での成果はなかったであろうこと。「東北文学の研究」と『鬼三太残齢記』の関係については、すでに第五章において検討してあるので、これ以上述べない。

○大正十年と十二年に、『豊後国満之長者由来記全』と『真名長者実記』を豊後国の郷土史家から贈られて読んだことが、大正十四年の『海南小記』に収められた「炭焼小五郎が事」の内容に決定的な影響を与えていること。このことについては第三章において詳述してある。

なお、第三章で触れた『海南小記』（『柳田国男全集』三）の書名は、鹿児島県の江戸時代の地誌『朝風意林』（内閣文庫所蔵本）の抜粋を、明治四十五年に筆写させて「諸国叢書」に収めるにあたり、自ら「海南小記」と題したことに倣ったものであろう。

○「諸国叢書」編纂の過程において羽柴雄輔を知ったことが、あらためて菅江真澄の日記風紀行文（所謂「真澄遊覧記」）に注目する契機になり、柳田の菅江真澄「発見」につながったのであろうこと。このことは、第二章において詳述してある。

○第三章で述べたように、『後狩詞記』（『柳田国男全集』一）が『後狩詞記資料』と無関係でないことは言うまでもない。

右のように、「諸国叢書」の編纂は、柳田に多くの問題意識を生みださせ、数々の成果を持たらしたのである。大正時代末までの、柳田の民俗学の前期の研究にとって無視できない企画であり、書物群だったのである。このほか、オシラ神への知見や、江戸時代の「風俗問状・答」に対する問題意識など、「諸国叢書」の収集編纂の過程で深まったり膨らんだりした研究はさらに多いであろうが、詳細については今後を期したい。

註

（1）「困蟻功程」「困蟻労程」（『傳承文化』成城大学民俗学研究室編刊、昭和四十一年）。明治三十五、六年の読書日記、読書メモである。

（2）「諸国叢書」の全体像は、『民俗学研究所紀要』一七集（平成五年）に「成城大学民俗学研究所柳田文庫蔵『諸国叢書』目録」として紹介されている。このほかに、題簽には「諸国叢書」と記されていなくても、「柳田文庫」において「諸国叢書」扱いをしてきた同型の書物が十冊ほどある。本章では、それらをも検討の対象に含めている。

（3）例えば、『雨夜談柄』に付されている「続臆乗抜萃」を独立した一点とみるか否かなど。

（4）「年譜」（『定本柳田国男集』別五、筑摩書房、昭和四十六年）。前掲註（1）の中の「困蟻功程」「困蟻労程」によっても、早くに『視聴草』に目を通していたことがわかる。
（5）『退読書歴』（『柳田国男全集』七）三五四頁。
（6）これについては、本書第一章において詳述してある。
（7）『退読書歴』（『柳田国男全集』七）三五六〜三五七頁。
（8）柳田の高木誠一宛書翰（大正四年五月六日付）には、「御秘襲御写本其まゝ御貸与被下恐入候　大事ニ拝見仕りすぐ御返し可申　写字の者居候ぬ為副本を作り不能ハ残念に御座候」（『諸国叢書』三輯、五二頁）とある。これはマタギ関係の資料を貸与されたことへの返事であるが、このように貸与され、読んで有用と認めながらも、すぐ適当な筆写者が見つからなかったために複本の叶わなかった資料もあったであろう。
（9）「神を助けた話」（『柳田国男全集』三）。
（10）前掲註（8）高木宛書翰のつづきの文言。
（11）「東北文学の研究」（『雪国の春』〈『柳田国男全集』三〉）。

附　エッセー

柳田国男と成城の町

柳田国男先生は、明治八年七月三十一日に現在の兵庫県福崎町にて出生された。明治三十四年までは松岡国男であったが、柳田家に養嗣子として入って柳田国男となり、現在の新宿区内に住まわれた。昭和二年九月、五十三歳のときに現在の世田谷区成城六丁目に移り、昭和三十七年八月八日、この地において没された。享年八十八（数え年）。

残念ながら私は先生の謦咳に接したことはなく、遠くから二度お見かけしただけである。二度目が昭和三十七年五月三日の米寿のお祝いのときで、パーティ会場はまだ新しかった成城大学一号館一階のホールだった。

柳田国男が移り住んだころの成城は、小田急電鉄が開通したばかりのときで、萱原・草原やクヌギ・ナラの雑木林など、武蔵野の面影がいたるところに残り、家はぽつんぽつんと建ちはじめたばかりだった。校歌にも詠われ成城大学の敷地にも幾本か保存されているような大きな松も、あちこちに見ることができた。いまだ狐狸の里といってもよいほどで、蝮や縞蛇も多かった。野鳥も多く、朝、床の中で小鳥の声を楽しむことができたり、秋にはさまざまな虫が降るように鳴いていたという。土地の農家の麦畑や大根畑も、まだあちこちに残っていた。

このような分譲地を気に入った柳田は、四十畳ほどの書斎を備えた、英国風の大きな半木造二階建家屋を新築して移り、終生この地を愛し、この家において数々の仕事を完成させたのである。当初は成城という町名ではなく、東京府北多摩郡砧村喜多見の一部だった（世田谷区に編入されたのは昭和十一年のこと。その後成城町となり、昭和四十五年に成城一〜九丁目などとなる）。

官を辞したあと、引っ越して数年間は朝日新聞社の論説委員をつとめていたので、ここから社に出勤した。当時しばらくこの家で生活していた野沢虎雄は、次のように回想している。

朝は六時頃にお起きになり、全国各地から色色な新聞や雑誌が来ますので、それに目を通し、朝食を済ませて、毎朝八時頃朝日新聞社にお出掛けになり、夕方は六時か七時前後にお帰りになって夕食、それから十時頃まで、時によっては十二時近く、又は過ぎまでも、書きものをしてお休みになるのが常でした。

（『定本柳田国男集・月報』三三。以下『月報』と略す）

なかなか自分に厳しい規則正しい生活だったらしい。五十歳代前半の働き盛りだったのである。

柳田は、多忙でも地域に無関心な人では決してなかった。成城を新しい面貌の地域にしなければならないと考え、柿の木を植えることを思いたった。それも、信濃路の晩秋を彩る小柿でなければならないと考えたのである。信州の友人から二〇〇本ほどの苗木を取り寄せ、植木屋に持たせたり自分でも鍬を下げていったりして、自宅の庭にはもちろん、新しく越してきた家々へも頼んで植えて歩いたようである。成城学園敷地内にも植えたというから、沢柳記念講堂裏や中学校中庭の柿（豆柿、シナノガキ）はその名残りであろうか。

それよりいくらか後のことかもしれないが、柿苗は作家の中河与一家にも渡った。中河は次のように回顧している。

昭和10年 自宅庭にて 後方向かって左が書斎（提供：成城大学民俗学研究所）

信州から送って来たと云って小柿の苗をいただいたことがあった。まだほんの一尺たらずのものであったが、それが今（引用者註：昭和四十五年頃）は巨木になって屋根をおおい、秋が来ると毎年のように小さいビイ玉位の柿の実をつける。すると花屋がそれを知っていて、季節になると、くれと云ってその枝を沢山持って帰ってゆく。どうも商品としての挿花の材料にするらしい。（『月報』一二〇）

しかし成城では信州のように強い霜が降りないので、秋になってもなかなか落葉せず、葉に邪魔されて充分に実を熟させた木は少なかったようである。

かくして小柿の里にするという理想は、意気込んでいたほどには実現しなかったが、柳田は挫けなかった。今度は杏だというわけで、信州から苗木を五十本、それでは足りないので埼玉の安行からも五十本取り寄せ、同じように植えまくった。押売りならぬ押植えに、ときには「タクではそんなもの要りませン」などという金切り声で追い払われたこともあったようだ。しかし、とにかく植えきったらしい。杏の里の理想も十全な成功を収めたかどうか怪しいが、大きく成長した六丁目のN家の杏は、その後長く、花の季節に道行く人を楽しませているのである。人を幸福たらしめずに終わるはずがないというのが、樹木に託した柳田の願いだったようで、小柿攻勢杏攻勢ともにいくらか押しつけがましいが、なかなかの地域愛ではないだろうか。

小柿や杏ではなかったが、貴族院書記官長としての柳田の肖像画を描いた、成城住まいの伊原宇三郎画伯も、植えてもらったひとりである。伊原は、

成城の各戸に梅の木を一本ずつ植え、ここを日本一の梅の町にしょうという企てが一部にあった。何でも、何百種とかある梅の全種類を揃えるという大がかりなものだったが、それは何かの都合で沙汰やみになってしまった。これには柳田先生も深く相談に預かっていられたが、丁度そんな話のあった頃、一日、お立ち寄り下すった先生が、「君んところの庭には花ものが少ないね、私のうちにいい梅の木があるから一本進上しましょう」とのことであった。御志有難く、いずれこちらへ植木屋が来た時頂きに上ろうと呑気に構えていたら、二三日後、先生御自身が植木職二人に大きな梅の木を持たせて来て下すった。そして先生のお見立で「ここがいいでしょう」と、控え目な場所だが、家のどの部屋からも眺められる東南隅に植えて下すった。実に見事な紅梅で、年々歳々素晴らしい花をつけ、冬の訪客からは例外なく褒められる。

（『月報』七）

と喜んでいる。実行には移されなかったが、成城を梅で埋めようという計画もあり、これにも関与していたのであった。

昭和16年 散歩の途次 喜多見付近にて（提供：成城大学民俗学研究所）

これらのとき助手をつとめた植木屋は、柳田家出入りの庭師・森本彦八だったのであろうか。成城の近くに住んでいた柳田より十歳若い彦八は、能筆である上に宝生流の謡もたしなみ、自宅の竹藪で尺八をつくって楽しむというように、なかなか趣味豊かな人だった。いわゆる文化人とは異なるが、柳田が成城において親しく交流を持った人物で、一緒に富士登山をしたこともあり、その写真が残されている。

初期の成城には、画家や作家などを中心とした砧人会《ちんじんかい》という砧村（成城）在住の文化人の会があり、柳田も家族を誘って気軽に顔を出していた。ヨーロッパ帰りの先の伊原画伯の新築宅で開かれたときにも出かけ、屋内仮設のステージで天田という方の琴の演奏などを聴いたが、そのときには早く来た武者小路実篤が一番前列に陣取っていた。ヨーロッパでピアノを勉強してきた若い画伯夫人がきびきびと来客のもてなしをしていたというが、そのとき夫人もピアノを披露したのであろうか。のちの作家・由紀しげ子である。

近所に住んでいた英文学者の市河三喜とも頻繁に往来があり、あるときなど、立寄った市河夫妻がちょうど庭の草取り中の柳田を見て、一緒に草を抜いてくれたりしたこともあった。両碩学並んで草取りをしている図は、想像するだけでほのぼのしてくる。

柳田の散歩好きは有名で、相当な晩年までこれはつづいた。行動範囲は武蔵・相模両国の広範囲におよんだが、もちろん地元の成城もお気に入りだった。読書や執筆に疲れたときなど、野川を渡って農村のたたずまいの残る喜多見方面へ行くことがとくに好きだったようである。春には野川べりで孫たちとノビルやヨモギを摘んで楽しんだり、途中にある不動堂へ参ったり、願掛けのために多くの草鞋が奉納されている地蔵堂の前に、足を止めたりしていた。見ず知らずの家に遠慮なく立寄り、農婦にでも誰にでも愛想よく挨拶して、世間話を楽しむことも多かった。講演もなかなか名調子だったと聞いているが、気さくな座談の術にも長けていたのである。

野川に下りていく成城の台地のはずれからは、西方に富士山・丹沢山塊・箱根の山々が遠望でき、近くには多摩丘陵が広がる。目を少し北に転じると秩父山脈を見はるかすことができる。映画監督山本嘉次郎の家はここにあった。あるとき、「ここへ来ると胸がスーッとします。これから、ちょいちょい寄らしていただきますよ」と初対面の挨拶をし、その後、しばしば山本邸庭園を訪れ、ときには一時間ほどもじっと立ったまま景色を楽しんで帰ったという。一人のときもあり夫人同伴の散歩もあったが、来客を案内して、「どうだ、いいだろう。私はこの眺めが大好きでねぇ」などと、客にも楽しませていたという。

また、こういうこともあった。山本嘉次郎は戦後のＮＨＫのラジオ番組〝話の泉〟のレギュラーだったので、あるとき柳田から、「山本さん、私は〝話の泉〟が好きでよくあれを聴いていますが、あなたは実にいろいろな物を知っておられるが、一体どんな勉強をされているのですか」と尋ねられ、大先生からの突然の問いに、山本は顔から火が出るようだったと述懐している（『月報』三〇）。

柳田国男は、ついの棲家に定めて成城の町を愛した。柳田宅には全国からの訪客が絶えなかったが、晩年にいたるまで、町の住人とも闊達に交遊をつづけていたのである。

〔参考文献〕

堀　三千『父との散歩』（人文書院、昭和五十五年）
高見寛孝『柳田国男と世田谷区』（世田谷区、平成六年）
柳田為正『父　柳田国男を想う』（筑摩書房、平成八年）

あとがき

知の巨人ともいうべき柳田国男については、これまでさまざま研究され論じられてきた。そこへまた小書が、仲間入りさせてもらうことになった。いまさら『後狩詞記』論・『遠野物語』論でもあるまい、柳田国男研究はもう古い、柳田国男論にはもう飽きたなどとお思いになった方があるかもしれないが、目をお通しくださって、いくらかでも従来の研究にはない視点を読みとってくださったならば、望外の幸せである。

柳田国男は明治八年(一八七五)に生まれ、昭和三十七年(一九六二)に没した。享年八十八、満八十七歳だった。生涯、多方面にわたる多くの著作をなし、それらはよく読まれ日本近代の学界・思想界に影響を与えつづけた。昭和二十年代には国語科と社会科の教科書編集にもかかわり、独自の教育論とともに教育界にも影響を与えたのである。最晩年には、柳田の意図をも汲んだ『定本柳田国男集』(筑摩書房)が出版されはじめ、昭和四十六年に全三十一巻・別巻五が完成して、誰でも容易に柳田の業績に触れることが可能になった。その結果、出版事情の好転も幸いし、さまざまな柳田国男論が読書界を賑わすことになったのである。『柳田国男研究』という雑誌まで現われ、柳田国男研究というものが一つのジャンルをなすかのようになり、ひととき、柳田ブームと囁かれさえしたのである。

ブームが落ち着いた平成九年からは、コピー機やパソコンの進歩のなか同じく筑摩書房から『柳田国男全集』が出されはじめ、平成二十九年五月現在三十五巻まで刊行が進んでいる。これには『定本柳田国男集』に洩れていたり意識的に外されていた著作類も含まれ、発表年月順に編集されていて、完結すれば全業績が明らかになるはずである。

大学に入って民俗学という学問に触れ、魅力を感じた私は、柳田の著作を読みずっと教えられてきた。初めのうちは古書店めぐりをし、その後は当然右のような全集類のお世話になって、人一倍親しんできたつもりでいる。しかし若い頃には、自分は民俗学を勉強しているのであって柳田学を研究しているのではないという、思えば埒もないことを自身にいいきかせて、世の柳田国男研究というものとはいくらか距離をおいてきた。

しかし、「柳田文庫」を持つ成城大学に勤め、文芸学部文化史学科に籍を置いて民俗学の授業を担当している以上、柳田国男の学問にはどっぷり漬かっているわけで、いろいろな方のそれぞれの視点による柳田研究の成果には、常に注意を払いつづけてきたつもりである。そして、柳田の学問につき否応なく自身の考えを述べざるを得ない場面にも、しばしば遭遇することになった。

定年で退職したいま、そのようにして、そのときどきに柳田国男の学問について考えてきたものがある程度に達していることを思い、このたびそれらに手を加え、多くの成果の驥尾に付して、一冊にまとめておこうと思った次第である。ほとんど書き下ろしに近いくらい手を加えたものもあるが、各章は次のような小論にもとづいている。

第一章　伝承の「発見」
「「伝承」の全体像理解にむけて」（『日本常民文化研究紀要』二七輯　平成二十一年）
「伝承の「発見」」（『現代思想』四〇巻一二号　平成二十四年）
「伝承の「発見」」（『成城文藝』二二一号　平成二十四年）
第二章　柳田国男の菅江真澄「発見」
「柳田国男と〝真澄発見〟――羽柴雄輔との交流をとおして――」（『日本常民文化紀要』二一輯　平成十二年）
「柳田国男と菅江真澄」（『悠久』九三号　平成十五年）

第三章　「炭焼小五郎が事」から昔話研究へ
「「炭焼小五郎が事」の誕生と昔話研究」（『昔話の再生（昔話―研究と資料―・二二号）』　三弥井書店　平成六年）
「柳田国男の口承文芸研究」（高木昌史編『柳田国男とヨーロッパ』　三交社　平成十八年）
「柳田国男の説話文学研究――「炭焼小五郎が事」と「東北文学の研究」――」（『説話文学研究』四六号　平成二十三年）
第四章　「桂女由来記」の使用文献
「解題・『桂女文書』と「桂女由来記」」（『諸国叢書』一〇輯　平成五年）
第五章　『鬼三太残齢記』への関心
「解題・『鬼三太残齢記』と柳田国男」（『諸国叢書』一一輯　平成六年）
第六章　柳田国男と「諸国叢書」
「『諸国叢書』と柳田国男」（『民俗学研究所紀要』一七集　平成五年）
附（エッセー）　柳田国男と成城の町
「柳田国男と成城の町」（『成城教育』一四四号　平成二十一年）

末筆ながら、資料の閲覧等にあたっては、成城大学民俗学研究所の林洋平氏にたいへんお世話になった。また、厳しい出版事情のなか、岩田書院の岩田博氏は小書の出版を快諾くださった。ともに、心より御礼申しあげます。

平成二十九年六月二十日

著者

著者紹介

田中　宣一（たなか・せんいち）

昭和14年(1939)　福井市に生まれる
昭和42年　國學院大學大学院文学研究科博士課程単位取得退学
現　在　成城大学名誉教授　博士(民俗学　國學院大學)

著書
『年中行事の研究』　桜楓社(現・おうふう)　平成４年
『徳山村民俗誌　ダム 水没地域社会の解体と再生』　慶友社　平成12年
『祀りを乞う神々』　吉川弘文館　平成17年
『供養のこころと願掛けのかたち』　小学館　平成18年
『名づけの民俗学』　吉川弘文館　平成26年
『三省堂年中行事事典』（共編著）　三省堂　平成11年
『海と島のくらし　沿海諸地域の文化変化』（共編著）　慶友社　平成14年
『暮らしの革命――戦後農村の生活改善事業と新生活運動』（編著）　農文協　平成23年
その他

柳《やなぎ》田《た》国《くに》男《お》・伝承の「発見」

2017年(平成29年) 9月　第１刷　500部発行　**定価[本体2600円＋税]**

著　者　田中 宣一

発行所　有限会社岩田書院　代表：岩田　博　http://www.iwata-shoin.co.jp

〒157-0062 東京都世田谷区南烏山4-25-6-103　電話03-3326-3757　FAX03-3326-6788

組版・印刷・製版：亜細亜印刷

ISBN978-4-86602-001-3 C3039　￥2600E